名师名校名校长

凝聚名师共识
回应名师关怀
打造名师品牌
培育名师群体

郑明远题

寻找新时代
初中思想政治教育的
有效途径

董蔚 著

北京燕山出版社
BEIJING YANSHAN PRESS

图书在版编目（CIP）数据

寻找新时代初中思想政治教育的有效途径 / 董蔚著
. — 北京：北京燕山出版社，2023.4
ISBN 978-7-5402-6855-8

Ⅰ.①寻… Ⅱ.①董… Ⅲ.①政治课—教学研究—初
中 Ⅳ.①G633.202

中国国家版本馆CIP数据核字（2023）第038529号

XUNZHAO XINSHIDAI CHUZHONG SIXIANG ZHENGZHI JIAOYU DE YOUXIAO TUJING

寻找新时代初中思想政治教育的有效途径

著　　者	董　蔚
责任编辑	满　懿
出版发行	北京燕山出版社有限公司
社　　址	北京市西城区椿树街道琉璃厂西街20号
电　　话	010-65240430
邮　　编	100052
印　　刷	北京政采印刷服务有限公司
经　　销	新华书店
开　　本	170mm×240mm　16 开
字　　数	243千字
印　　张	13.5
版　　次	2023年4月第1版
印　　次	2023年4月第1次印刷
定　　价	58.00元

序 言

在时间沉淀中追求卓越和幸福

——我的成长史

红酒越酿越香美，藏书越久越珍贵。它们随着时间的流逝而沉淀，提升了各自的价值。对于教师来说，时间的沉淀就是教育教学经历的积累，是教师成长的关键。

我出生在一个教师世家。外公外婆、妈妈、姐姐、姨丈、小姨、姑丈、姑妈等都是教师，从小就在这样的环境熏陶下长大。做一名人民教师是我从小就做出的人生选择。2021年是我踏入禅城教育的第20个年头。20年意味着在时间沉淀里丰富了资历，积累了经验，但可能也有些许职业倦怠。然而对于我来说，这恰好是到了一个从优秀走向卓越、走向幸福的关节点。回顾过往的点点滴滴，"信、望、爱"是对我这20年教师生涯轨迹的最好诠释。

一、"信"：坚守信念，追求卓越

1. 坚守信念，在各岗位上竭尽所能

这20年里，我工作单位换了5次，岗位换了6个。其中3年的班主任、6年的团委书记、1年的德育副校长，10年的教学副校长，现任校长。而对于目前的工作，我这样定位自己的多重角色：在教学上，我是一个热爱讲台、不断寻求突破的初中政治教师；在学生面前，我是一个投入、负责、引导和陪伴他们成长的科任老师；在教研领域，我是一个勤于探索，敢于尝试的教育研究者；在管

理岗位上，我是引领和把关学校教育教学教研工作的负责人。每一个岗位，每一个角色都是我工作中的一部分。

信念使人勇敢、专注、有力量、竭尽所能。在我们竭尽所能的时候，灵魂会释放最美的光彩。无论岗位和角色如何变化，唯一不变的是人民教师的身份。纵然在专业成长过程中，我会遇到一些现实问题和困惑，现实与理想的矛盾有时会让我气馁，但从未能动摇我追求教育理想的信念，从未停止我追求优秀、追求卓越的脚步。

2. 在学习中思索，在思索中前进

记得2014年是我在教学生涯的丰收年。那年2月份我受聘为禅城区名教师；5月13日，我代表禅城区参加佛山市思想品德学科课堂教学展示比赛，获得了第一名；5—6月参加了当年佛山市中考命题的工作；11月14日代表佛山市参加广东省思想政治（品德）优质课比赛，在"现场展示课"环节以最高得分获得了特等奖，"说课"环节的比赛获得了一等奖，总分特等奖。我曾一度觉得自己到达了顶点。可当荣耀褪去，我渐渐感到了困惑，除去行政工作，作为教师身份的我不知道下一步该去哪里，我遭遇了职业发展的瓶颈。很多人说：你有这么多荣誉，又是高级教师，已经不用再奋斗了，但我觉得不该如此。如果这个时候我就还看不到未来发展的新可能，那么我的工作该多没趣。

现代主义先驱卡夫卡说过一句名言："您不需要审视，也不需要聆听，只需要静默，世界将在你的足下不停地旋转，以至于露出它真实的面目。"他强调的就是思索。由于思索，我主动学习；由于学习，我明确了工作目标。朝着目标，我在思索中前行。

3. 勇于尝试，创新教法

对我思想冲击最大的是2014年12月23日—25日禅城区教育局组织的在华南师范大学教育信息技术学院举办的"信息技术与学科融合创新"研修班上一段学习经历。当时，张伟春教授给我们播放了激动人心的视频《未来教育——英特尔的宏伟蓝图》，之后其一直震撼着我的心灵，挥之不去。这段视频描绘了数字化新媒体时代可能出现的教学情形：课桌上干干净净，无须教材，无须纸笔，只要一台平板电脑，一切便尽在其中，一切便都可完成；教师从累赘的教具、飞扬的粉笔灰中解放出来，清新的数字化屏幕和平板电脑可以搞定一切；功能强大的网络连接、数字化的可视化的实现、及时的3D打印技术。在传统的非数字化课堂上只能以文字、讲解来理解与想象的间接经验，可转换成可视、可触的内容，从而使学生能够以"亲身"体验的方式去获得"直接"经验。

什么是数字化？数字化时代引发的教学改革将是怎样的？……这次培训给予了我思想上的冲击和心灵上的震撼。随着信息技术的迅猛发展和教育教学改革的不断深入，我们都需要思考数字化时代可能带来的教学变革。

我开始尝试将信息技术和政治学科教学进行深度融合，研究如何利用网上资源对初中政治课堂时事教学的运用。渐渐地，我审视教学的眼光不一样了。我对每堂课上教材、素材的安排取舍有了主见，我对"如何利用信息化更好地服务教育教学"有了更深刻的体会。我每天都会有新的想法，每节课都有新的思路要尝试。

长时间思考、大量阅读、不断删减优化，让我在日常教学中取得了突破。我的业务能力不断提升。2015年4月被广东省教育厅评为"广东省第二批省级骨干教师"。2015年被评为禅城区"课改骨干教师"；2016年被选为禅城区"十佳信息现代化教师"。2016年3月本人报送的两节课例《3.3 竞争与合作》和《8.3 社会身份与社会责任》均被评为教育部年度"一师一优课、一课一名师"活动国家部级"优课"。

二、"望"：充满希望，充满激情

毕业后能成为一名人民教师，我感到无比光荣，因为这是我从小就做出的人生选择；能为禅城教育服务，我感到无比幸运，因为这里有先进的教育教学理念、优质的教学装备。这几年参与禅城区多项改革项目，如可持续发展教育项目试验学校、课改试点学校、"互联网+教育创新"……让我对禅城教育有更多希望、更多期盼。

在教学改革和信息化时代的背景下，禅城教育给每一位教师提供了平台，这促使我必须努力上进。工作期间，我笔耕不辍，始终坚持读书学习，积极参与各项培训活动，参与各项研讨，发表个人见解，并撰写了关于学校特色创建的感想和看法的学习心得、可持续发展教育项目的规划，深化学校课堂改革和课程改革的方案等。读书、思考、写作已成为我生命中不可缺少的习惯。20年里，我有15篇文章获得了区级以上的奖项，其中5篇文章获得国家级别的奖项，2篇获得省级奖项，3篇获得了佛山市级的奖项；共撰写和发表学术类论文18篇，撰编论著2部。2002年至今从未间断参与课题研究，是多项国家级、省级课题的重要参与人员；2015年由我主持的市级课题"初中思想品德课的有效备课策略与方法的研究"在全市300多个课题研究中荣获"优秀课题成果"称号。

"你能看多远，你就能走多远。"希望是栖息在灵魂中的一种会飞翔的东西，它总是默默地歌唱，不肯停歇。人生如果没有了希望，也就没有了奋斗、坚持和拼搏的方向。希望帮助我正确对待工作和生活——即使坠入忧伤、迷茫、恐惧的黑夜也保持乐观的心态，仍能保持奋斗、拼搏的激情。

三、"爱"：用心热爱着一个个、一批批不是自己的却胜似自己的孩子

"中学生活如此短暂，我庆幸没有错过Miss Dong这样的老师。"这是2015届学生写给我的毕业留言。作为教师，最幸福的事情就是得到学生的认可和肯定，成为他人生中有深刻印象、对他的人生道路有积极影响的导师。

1. 课堂上，注重教会学生学习

我从不照本宣科，更拒绝人云亦云的时事评论；我鼓励学生逆向思考、质疑。我相信，只有思考，才能让学生学会学习。虽然已多年驻扎初三的教学工作，但我拒绝只为考试而教的教育，更想消除这种短视行为对学生学习造成的消极影响。于是课堂上，我旁征博引，讲解深入透彻，学术语与励志语相结合，引导学生养成辩证的政治思维；课堂上，我神采飞扬，精神抖擞，幽默诙谐与严谨认真相结合，深受同学们的喜爱。有学生这样评价我的课："她能把

一些很复杂的道理，很形象地让我们理解""她的课带给我很大的惊喜""她让我发现原来政治是这么有趣的"。

2.生活中，做孩子的引路明灯

"心中有学生，师道自然明"，这是我的从业信条。哪个同学生病了，我一定会嘘寒问暖；哪个同学最近心情不好，我一定会在第一时间对其进行开导；哪个同学有学习困难，我一定会不厌其烦地为其讲解。

我常和学生分享我的进步、我的成绩、我的心路。记得2014年我代表佛山市参加全省的现场比赛，当时同学们希望看到我比赛现场的视频。于是，我和同学们分享了我备赛和比赛现场的心路历程，和同学们探讨了参加比赛的价值。我觉得这是一次非常成功的教学活动。在教学之余，我更希望能为学生树立一个做人的榜样：自信、进取、热爱生活、心态阳光。我深信"言传身教，潜移默化"的力量，因为励志的话语只能奏效一时，榜样的力量才可以陪伴终生。我知道，我的一句话、一堂课、一次评语都可能会在学生的生命中留下痕迹。陪伴他们走好初中阶段，将会有益于学生的一生。

我想，过去的20年，我就是这样：怀揣着教育的梦想，在时间的沉淀中追求着卓越，感受着幸福。下一个20年，我更应坚守讲台，明确职责，在禅城区教育的舞台上挥洒智慧与灵气，诠释执着与勤勉，演绎精彩与感动。

参加广东省思想品德优质课比赛"现场展示课"

现场展示课以得分最高的成绩获得了2014年省特等奖

与中考优秀学生合影

目 录

第三篇　勤实践
——课堂教学促成长

附　录

第一篇　聚共识
——教学研究明方向

新时代中国特色社会主义思想与初中思想政治教育有效融合的研究

一、研究背景及意义

（一）研究背景

1. 习近平新时代中国特色社会主义思想的提出

党的十九大是在全面建成小康社会决胜阶段、中国特色社会主义进入新时代的关键时期召开的一次十分重要的大会。习近平总书记所作的报告是指引全党、全国各族人民把中国特色社会主义不断向前推进的纲领性文献。把习近平新时代中国特色社会主义思想确立为党的行动指南意义重大。当前和今后一段时期，全党全国的首要政治任务是学习宣传贯彻习近平新时代中国特色社会主义思想。

2.《道德与法治》统编义务教育课程的开设

从2016年秋季起，教育部将义务教育小学和初中起始年级《品德与生活》《思想品德》教材名称统一更改为《道德与法治》，统编义务教育课程《道德与法治》由此开启。这是贯彻落实党的十八大、十九大精神，全面贯彻渗透习近平新时代中国特色社会主义思想，加强社会主义核心价值观教育、加强法治教育和加强学生核心素养的关键平台和具体举措。

3. 习近平总书记在学校思想政治理论课教师座谈会上发表重要讲话和两办印发深化新时代学校思政课改革创新若干意见

2019年3月18日，习近平总书记在学校思想政治理论课教师座谈会上发表了重要讲话。习总书记就新时代如何上好思想政治课，如何做好学校思想政治工作做了非常精彩的阐释。习近平总书记站在实现"两个一百年"奋斗目标的全局高度，站在培养德智体美劳全面发展的社会主义建设者和接班人的战略高度，深刻阐述了办好思政课的重大意义，对思政课教师提出了更高的期望和标准。讲话高屋建瓴、内涵深刻，理论性、指导性极强。

2019年8月14日，中共中央办公厅、国务院办公厅为进一步落实贯彻习总书记在3月18日座谈会上的重要讲话精神，印发了《关于深化新时代学校思想政治理论课改革创新的若干意见》，就如何坚持不懈用习近平新时代中国特色社会主义思想铸魂育人，深化新时代学校思想政治理论课改革创新提出意见。

4. 中共中央国务院关于深化教育教学改革全面提高义务教育质量的意见

2019年4月，为深入贯彻党的十九大精神和全国教育大会部署，国务院就深化教育教学改革、全面提高义务教育质量，提出坚持以习近平新时代中国特色社会主义思想为指导思想，全面贯彻党的教育方针，落实立德树人根本任务，遵循教育规律，强化教师队伍基础作用，围绕凝聚人心、完善人格、开发人力、培育人才、造福人民的工作目标，发展素质教育，培养德智体美劳全面发展的社会主义建设者和接班人的意见。意见还提出义务教育应着力在坚定理想信念、厚植爱国主义情怀、加强品德修养、增长知识见识、培养奋斗精神、增强综合素质上下功夫。

5. 教育部等五部门印发《关于加强新时代中小学思想政治理论课教师队伍建设的意见》的通知

2019年9月，为加强中小学思想政治理论课教师队伍建设，教育部、中央组织部、中央宣传部、财政部、人力资源社会保障部根据《中共中央 国务院关于全面深化新时代教师队伍建设改革的意见》和《中共中央办公厅 国务院办公厅印发〈关于深化新时代学校思想政治理论课改革创新的若干意见〉的通知》，研究制定了《关于加强新时代中小学思想政治理论课教师队伍建设的意见》。意见中明确指出中小学思想政治理论课是落实立德树人根本任务的关键课程，办好中小学思政课关键在中小学思政课教师。因此初中"道德与法治"课程宣传贯彻习近平新时代中国特色社会主义思想责无旁贷。

初中阶段思想品德课程标准强调要融入道德、心理、法律、国情等综合内容，但相对于十八大和十九大以后国家的新形势、新理论和新要求，还需要克服以前在呈现道德、法律和国情内容时存在的碎片化、表层化、不够系统等方面的问题，需要克服简单枯燥的纸上谈兵，让学生真正在这门课程上得到应有的情感体验和生活实践，知行合一。

综上所述，关于新时代中国特色社会主义思想与初中道德与法治学科教学有效融合的策略研究显得尤其紧迫和必要。

（二）研究依据

1. 政策文献依据

《习近平谈治国理政》《习近平新时代中国特色社会主义思想》重要文献以及习总书记关于教育问题的重要论述和重要思想。

两本文献共同从"坚持和发展中国特色社会主义""实现中华民族伟大复兴的中国梦""全面深化改革""走和平发展道路"四个方面阐述贯穿习近平治国理政思想的辩证唯物主义和历史唯物主义世界观与方法论。为本课题研究提供了研究指导的价值。

2. 理论依据

人本主义学习理论提出：以学生为中心，反对学生的灌输式无意义学习；认为教育的目标就是实现学生的整体发展，教学过程要符合学生的认知规律，是促进学生的个性发展的过程；学生的自主、自发、全身心投入的学习才能真正产生良好的学习效果。

构建主义学习理论提出：是学习者主动的意义建构的过程，而不是教师"灌输式"的过程；既强调学习者的认知主体作用，又不忽视教师的指导作用；教师是帮助者、促进者，而不是知识的传授者与灌输者。

后现代主义课程理论提出：课程并非固定不变的跑道，而是动态发展的过程，是师生共同参与探求知识的过程，而学习是创造过程中的探险，应重视学习中的对话和反思，以解决现有课程与生活脱离的弊病。

3. 有关专家学者的研究依据

广东教育研究院副主任、广东省中小学道法学科教研员钟守权老师所撰写《传承与发展——道德与法治课程教学初论》为本课题研究提供了新的视野。

该书初论中提出了全域生活德育观：将道德与法治课程所涉猎的个人、家庭、学校、社会、国家、世界六大领域整体纳入生活教育系统；活动启发式、行动参与式、道德与法治两种规范协同教学等教学方法在"道德与法治"课程中的运用；道德与法治教师独特专业素养观：强调思想道德修养、政治素养、文化底蕴、社会性发展、跨领域综合性知识积累、组织与实践能力等是道德与法治教师的独特素质内涵等观点。

（三）理论意义和应用价值

（1）通过研究探索，提高初中政治教师理论水平、业务素质和课堂应变能力。

（2）新时代中国特色社会主义思想与初中道德与法治学科教学有效融合的研究和探索，是以生为本、以学生为主体这一现代教育观念的体现。

（3）研究的成果将有助于教师通过有效融合的策略应用帮助初中阶段的孩子们深入浅出地认识、理解新时代的新理论、新发展形势、新要求，真正践行社会主义核心价值观。

（4）为如何通过初中道德与法治学科课堂教学这一实施素质教育和德育教育的主渠道，提高学生的道德素质、科学素质、爱国情怀等提供可行性强和有推广价值的策略。

这一项目的研究，不仅具有很强的现实性、针对性，而且通过课题组的积极探索形成符合新课程改革理念与时代要求、有较高实效性的初中道德与法治的时政教学策略。

二、研究现状

（一）国外研究现状

自习近平十九大报告提出新时代中国特色社会主义思想以来，许多国外新闻媒体、学术界和政界人士就习近平提出的新理论、新目标、新形势和新要求

5

进行了相关研究，提出了一些新的建议。值得一提的是国外研究人士一致认为"实现中华民族的伟大复兴"的目标一定能实现。如莫斯科人民友谊大学外交史教授尤里·塔夫罗夫斯基撰文道："中国今年创造约7%的经济增长率，可保证其第一个一百年目标实现。中国人民齐心协力，其第二个百年目标亦能实现。中国十九大所制订的发展计划会帮助中国愈加发展。"这些研究理论有利于进一步坚定中国人民的"四个自信"：道路自信、理论自信、制度自信和文化自信；为本项目的研究提供更多的理论支撑。

（二）国内研究现状

"道德与法治"课程是新时代应运而生的学科，旨在引领学生了解国情，认识国策，增长法律知识，培育法治理念。在学习中，让学生感受在新时代历史方位上祖国强有力的发展脉动，认识建设中国特色社会主义的发展道路。然而，我国的道德与法治教育普遍存在着两方面的问题。一是研究新时代中国特色社会主义思想的专家学者不深入研究初中道德与法治课程，二是在教学第一线的初中道德与法治课程的教师又不深入研究新时代中国特色社会主义思想。

我国现阶段关于本项目研究的相关理论

作者	文章	主要内容	出处
教育部课题组	深入学习习近平关于教育的重要论述	关于习近平依据我国所处新时代这一历史性的深刻变化，为优化思想政治教育内在要素而做出的重要批示	人民出版社 2019.09
孙子尧	《习近平新时代中国特色社会主义思想融入高中思想政治课教育研究》	尝试探讨习近平新时代中国特色社会主义思想融入教材进而融进学生头脑的路径和保障机制	海南师范大学 2019.09
欧庭宇	《新时代思想政治教育的思维创新》	新时代思想政治教育工作的目标、内容、方法、载体、管理等方面如何创新	长江师范学院 2019.06

我们需要总结国内外理论和实践经验，积极探索新时代中国特色社会主义思想与初中道德与法治学科教学有效融合的策略。

（三）我校目前的研究与实践

（1）我校自党的十九大后，在三个年级的道法课教学中，把习近平新时代中国特色社会主义思想融进教学备课中，并体现在"导学案"编订的各个环节上，做到新思想与课本理论知识的有效融合。

（2）本学科的教师积极撰写有关新思想与教学有效融合的教学论文和心得，将课堂实践经验、做法上升至理论。在学校的教学中起到比较好的引领作用。

（3）学科教师多次召开各种公开课、示范课、在课堂教学中利用新时代中国特色社会主义思想培育学生，用新时代中国特色社会主义思想铸魂育人，引导学生四个自信、厚植爱国主义情怀，把爱国情、强国志、报国行自觉融入坚持和发展中国特色社会主义事业，建设社会主义现代化强国，实现中华民族伟大复兴的奋斗之中。

三、项目的总体框架和基本内容，拟达到的目标（阶段性目标及总体目标）

（一）总体框架和基本内容

从思想政治课，到品德与生活课、思想品德课，再到道德与法治课，这不仅是名称的改变，更应该是教育思想的进步、教育理念的更新和德育教育与法治教育体系的突破。将新时代中国特色社会主义思想与道德与法治学科教学有效融合，需要我们在梳理总结学校德育课程改革经验的基础上，紧密结合新时代教育改革发展，特别是道德教育、法治教育和国情教育的形势与任务。在科学整合课程内容、更新教育教学理念、创新师生评价方式等方面进行研究和探索。

1. 科学整合课程内容

将道德与法治课程内容从"我的成长""我与社会""我与国家"三个方面与新时代中国特色社会主义思想的最新理论和要求有效融合。围绕初中阶段青少年的身心特点和成长需要，结合青少年与家庭、学校、社会、国家的关系，分阶段、系统安排新时代中国特色社会主义思想的教育安排；按不同的层次和深度，将国家国情国策、社会主义核心价值观等理念，宪法法律至上、权利保障、程序正义等法治原则，在不同学段的教学内容中统筹安排，层次递进。在教学内容中结合最新的和贴近学生生活的案例分析融入宪法精神教学，培育新一代接班人的法治素养；结合最新的时政要闻深入浅出进行国情国策教学，着眼于培养为实现中华民族伟大复兴中国梦而奋斗的一代又一代新人。

2.更新教育教学理念

要实现新时代中国特色社会主义思想与初中道德与法治学科教学有效融合，需要遵循两个原则：一要坚持将"立德树人""法治精神"的理念融入初中道德与法治学科教学的每个环节，树立为祖国培养新时代"更全面的人"的使命意识；二要坚持以初中道德与法治学科教学促进学生全面发展，强化本课程对学生成长的内化作用。

教师应更新教育教学理念，在教学中充分利用信息技术手段，将多种教育资源、形式予以整合、提升，形成以学习者为中心的教育环境，引导学生自主学习，激发学生的学习兴趣。要在依据课程标准、使用好教材的同时，及时跟进社会发展进程和理论创新成果，将党的重大方针政策和国内外影响较大的时事引进课堂，加强教学内容与现实生活的密切联系，增强社会主义核心价值观教育的时效性和新颖性，让学生易学、爱学。在法治教育教学中，要综合采用故事教学、情境模拟（如模拟法庭）、角色扮演、案例研讨、法治辩论、价值辨析等多种教学方法。必要时，可根据学生认知特点，将真实法治案例引入课堂教学，注重学生法治思维能力的培养。

3.创新师生评价方式

创新和加强对道德与法治课教学过程的全面考核。研究制定科学可行的课堂教学评估标准，引导学校和教师选择课例研究、教学现场观摩、专题分析报告等评估方式，从思想性、科学性、实效性等方面全面分析和改进教学过程，突出新时代中国特色社会主义思想融入教学的贯彻落实情况的考核，改进学生学业成绩评价体系。学校和教师要从学生课堂表现、参观考察和实践体验等方面全面考查学生道德与法治学科学习情况，采取实践考察、谈话、学生作品分析、书面考试、成长记录等多种方式方法，综合评价学生的学业成绩，避免单纯依据考试分数评价学生。评价要全面考察道德与法治教育效果，有利于激发学生学习道德与法治知识、发展道德与法治能力、提高道德与法治素养、参与道德与法治实践的自觉性；有利于激发学校、教师开展道德与法治教育的主动性和创造性，促进青少年道德与法治教育形式与内容的不断改进和创新。

（二）总体目标与阶段目标

1. 总体目标

通过本项目的研究与探索，重点培育一批品行好、修养高，懂法治、信法治的优秀教师，使之有能力采取贴近学生、贴近生活的多样化教育方式，将道德与法治予以鲜活的教育而非呆板的灌输；推动新时代中国特色社会主义思想进教材、进课堂、进头脑，培养有信念、懂法治、全面发展的社会主义建设者和接班人，真正实现初中道德与法治学科的华丽转身。

2. 阶段目标

（1）通过整合初中道德与法治课程内容的研究和探索，逐渐构建新时代中国特色社会主义思想与初中道德与法治学科教学有效融合的立体化课程体系。

（2）通过更新道德与法治教师教育教学理念的研究，促进初中道德与法治教师不断探索道德与法治课教学的新思路、新途径和新举措，增强道德与法治学科的吸引力，进一步提升道德与法治课教学组织水平。

（3）通过创新师生评价方式的研究和探索，建立有利于道德与法治教育教学工作的机制，努力形成学校、社会、家庭多元参与的道德与法治教育网络。

四、项目拟突破的重点、拟解决的关键问题及主要创新之处

（1）本项目的研究与探索拟突破的重点和解决的关键在于围绕初中阶段青少年的身心特点和成长需要，结合初中阶段青少年与家庭、学校、社会、国家的关系，按不同的层次和深度，将国家新时代中国特色社会主义思想的新理念、新形势和新要求与教学内容科学整合在教学过程中统筹安排，层层递进。

（2）主要创新之处：通过本项目的研究与探索，形成新时代中国特色社会主义思想与初中道德与法治学科教学有效融合的策略方法，让教师用鲜活的教

育而非呆板的灌输传授课程内容，让学生真正在这门课程中了解国家新时代中国特色社会主义思想，得到应有的情感体验和生活实践，真正做到四个自信。

五、研究的主要内容、研究步骤、主要措施、具体方法

（一）主要内容

（1）主要内容就是部编版初中道德与法治教材所涉及的所有内容。

（2）本课题的研究目标是习近平新时代中国特色社会主义思想与道德与法治教学有效整合。

（3）研究重点是习近平新时代中国特色社会主义思想与道德与法治教学有效整合的途径和方法。

（二）研究步骤

本课题研究历时三年（2019年1月—2021年12月）完成，分三个阶段进行。

1. 准备阶段（2019年1月—2019年11月）

（1）成立课题组，设计课题研究方案，完成课题申报工作

（2）起草课题实施方案、商讨实施计划。

（3）确定课题组成员及分工，收集资料、进行调查、分析新时代中国特色社会主义思想与初中道德与法治教学有效融合存在的问题和疑惑。

2. 研究阶段（2019年12月—2020年11月）

（1）分解课题研究任务，撰写开题报告并作论证。

（2）展开第一阶段的研究工作：调研目前道德与法治课程在有效融合新时代中国特色社会主义思想中存在的问题。

（3）根据实施计划进行研究，分期举办各类教学研讨会，与兄弟学校联手举办研讨课、观摩课，广泛交流，认真搜集，补充吸纳，整理分析，以及时调整和改进研究思路，撰写中期研究报告。

（4）课题组成员定期举办理论学习和心得分享，并利用承担市、区两级党史宣讲活动的契机向党史专家学习，提高研究水平。

（5）课题组成员根据个人实践经验和参与课题研究，在微教研实践活动中

不断学习、反思，写出相关案例、论文、反思等，形成课题文字资料包，对课题的进一步研究发挥促进作用。

（6）初步构建新时代中国特色社会主义思想与初中道德与法治学科教学有效融合的策略。

3. 总结阶段（2020年12月—2021年12月）

对课题研究过程及资料进行系统分析，形成报告，并将专题论文、学生自身教学资源开发汇编成集，为做好推广工作和进一步研究工作奠定基础。

调查情况：2019年至2020年，课题主持人和成员通过学校教学实践和组织课题组成员先后到顺德区大良中学、清远凉州地区、顺德龙江丰华中学、广东省潮州市潮安区三水云东海中学等珠三角、粤西北地区各类不同地区的学校，先后了解不同地区的初中道德与法治一线教师在教学过程中融合新时代中国特色社会主义思想的具体情况。由调查结果可知，主要的问题包括以下方面：

（1）融入的主要路径是思政课堂，其他课堂融入较少。

（2）部分道德与法治课教师对新时代中国特色社会主义思想的理论研究不充分、教学实践偏离实际、不能直接回应学生困惑。

（3）教师由于专业背景差别较大，不同教师讲授和理解的内容有差异，个别教师甚至直接照本宣科，导致教学效果较差。

（4）有些教师虽然对新时代中国特色社会主义思想有比较深入的研究，但教学理念没有与时俱进，在课堂教学中缺少学生喜闻乐见的载体和形式，强加渗透，单纯地将书本的内容讲述给学生，导致许多学生被强制性地灌输知识而对这门课程产生厌烦心理，导致课堂教学效果非常低，"干涩、枯燥"的思想理论难以进入学生头脑。

（5）在课堂教学中，全由教学进度牵着走，过于强调教学任务的完成和备考质量，忽视学生的主体地位和差异性需求，导致学习的主动性严重下降，课堂教学有效性也就不能达到理想的效果。

（6）个别学校和一线教师，对新思想和道德与法治课有效融合的意义认识不足，在日常教学中未加重视。

（7）普遍缺乏有效的教与学的效果评价机制，难以反馈教与学的效果和有效性。

（三）主要措施

（1）课题立项后，迅速召开了课题组成员会议，进一步明确课题研究的目标、方法、步骤，并做了明确分工。

（2）商讨、制订课题研究计划、开题报告和实施方案，并在各自的教学实践中搜集相关材料，落实研究工作。

（3）在道德与法治课程一线教师中进行调查访问，广泛征集课堂教学资源，进行归类汇总、去粗存精，便于研究使用。

（4）邀请广东教育研究院副主任、广东省中小学道法学科教研员钟守权老师、佛山市党校胡庆亮教授、华南师范大学何亮教授等专家到我校开展讲座，定期组织课题组成员进行理论学习，鼓励课题组成员积极承担佛山市、区党史宣讲活动，利用各种渠道和途径、提升课题组成员理论水平。

（5）召开学生座谈会、邀请学生和教师一起备课等形式，了解当前学生的兴趣、满足学生的学习需求，让课程真正接地气，在理论上为学生"解渴"。

（6）要求课题组成员每一个学期必须承担1～2个各类级别的校内外公开课，通过课题组成员集体构思和个性创新相结合，在实践中探索有效的新思想与教材的有效融合途径和方法技巧，为课题积累实践经验。

（a）

（b）

（c）

校内外公开课

（7）承办学校各项主题课外活动，打造良好的课外氛围，拓宽融入路径，构建大思政教育，实现理论与实践相结合。

主题课外活动

（8）与学校的心理辅导工作室、教务处、德育处紧密联系，通过学生的思想转化情况、书画作品、思想汇报等方式，了解学生的显性或隐性改变，为探索有效的评价机制奠定基础。

712侯婷

我们看了一则名为《少年》的视频，从被欺负到强盛，是为梦想奋斗的无数中国青年不懈努力成果。正如习爷爷所说："这个中华是属于你们的世界。"世界等待被我们改造，属于我们00后的世界一定更加精彩。

初中是一个转折点，或许让你骄傲或许让你低落，这是青春的开始，要开出多彩的花，只有坚持，经过风霜才不容易被击垮。加油，你能行！

708李宜宣

嫦娥五号成功登月；消除了绝对贫困……近年来，我的祖国取得了巨大的进步。这都是一代又一代人努力的结果。正如习近平总书记所说："中国的未来属于青年，中华民族的未来也属于青年。"祖国未来的成就与命运与我们息息相关。我们要好好学习，勇于创新，不放弃，学会自强、自立，做一名有担当的好少年，中国的未来属于青年，我们要立志读书，敢于创新，为祖国的事业贡献一分力量。

书画作品、思想汇报

（四）具体方法

课题组开展研究的意义在于推动习近平新时代中国特色社会主义思想更加深入生动地融入道德与法治课堂、刻骨铭心进头脑，用党的理论创新的最新成果武装教育我们的学生，引导学生深入理解习近平新时代中国特色社会主义思想，培养爱党爱国爱社会主义情感，增强"四个自信"，树立共产主义远大理想和中国特色社会主义共同理想，争做德智体美劳全面发展的社会主义建设者和接班人。习近平新时代中国特色社会主义思想逻辑严密、内涵丰富、思想深邃，在将其融入道德与法治课教学过程中，为将其鲜活的生命力深深扎入学生内心世界，我们课题组主要采取了以下具体方法。

1. 在课题组教师中，要求"读原著，学原文，悟原理"

习近平新时代中国特色社会主义思想是党的理论创新最新成果。若要将最新的理论成果融入教学中，就要求教师需要坚持不懈地对党的理论学习，以科学的态度对待这些理论，并将这些理论运用到实践授课中。要关注时事、关注热点，针对这些时事和热点问题引导学生运用各种理论去多维度地思考和分析，做出一个能够客观中立的、积极的看待问题的结果解释。所以，课题组在这几年中，开展"读原著，学原文，悟原理"活动，参加各种新思想讲座和座谈会、分享会；课题组利用承担市、区级党史宣讲等契机，加强理论学习。

（1）通过活动，我们系统学习领会习近平新时代中国特色社会主义思想。习近平新时代中国特色社会主义思想是一个内容丰富的科学体系，在将理论和实践结合的基础上系统回答了新时代坚持和发展什么样的中国特色社会主义、怎样坚持和发展中国特色社会主义的问题。这一思想内涵丰富、博大精深，是一个系统完整、逻辑严密、相互贯通的科学理论体系。在道德与法治课中融入新思想要求教师必须具备扎实的马克思主义理论功底，必须对中国特色社会主义理论体系有比较准确的把握，必须系统学习和掌握习近平新时代中国特色社会主义思想。用心阅读原著原文是掌握马克思主义理论的有效途径。全面系统学习习近平新时代中国特色社会主义思想，原著原文是最权威的学习材料，学深学透才能全面准确把握其思想精华。通过读原著、学原文、悟原理，深入领会这一思想的理论特色和内在要求，深入领会其中蕴含的重要观点、重大判断、重大举措。要求教师随时关注党的重要会议精神，关注习近平总书记最新讲话精神，及时把党中央精神和习近平讲话精神贯穿于教学过程。

（2）通过活动，我们强化了学习效果，深入地研究习近平新时代中国特色社会主义思想与道德与法治教科书的有机衔接，引导学生深化认知。教学中，充分发挥两者有效呈现方式的优势，形成综合育人格局，实现思想政治课立德树人关键课程作用。例如：道德与法治教科书中的"探究与分享"栏目提供了丰富的情境资源，旨在引导学生通过探究问题获得新知；在课堂中显现习近平同志在该领域的一些视频材料、讲话材料拓展阅读资源，旨在帮助学生深入理解理论观点，将二者打通使用，为学生提供更为多样化的学习资源。

课题组教师研修

2. 开拓教学思路，摸索新的教学模式，探索道德与法治教学与新思想的有效融合

课题组成员在日常工作中重视调动教与学两方面积极性，注重创新教学方法，讲究教学支撑策略，理念手段先进、方式方法多样、将新思想融入道德与法治教学中，以丰富的课程教学内容，更好地指导学生日常行动，彰显立德树人的学科价值。

（1）以教师为主导，发挥个体与团队协同的最大潜能。

一是要加强现有师资培训，争取让课题组的成员参加各类有关新思想的培训会、研讨会、宣讲会、备课会，开阔眼界，了解动态，汲取经验。在教研活动中，集中研讨提问题、集中备课提质量、集中培训提素质，提高教研活动的针对性和有效性。

二是将道德与法治教研活动的重点放在课程建设上，对新教材中的"新思想"内容结构进行解剖：理论主题是什么？新时代主题是什么？新思想与教材知识存在什么关系？教学设计思路、课程培养目标（包括素质目标、知识目标、能力目标）、课程内容要求及教学设计、课程实施建议等。

三是要加大教学团队合作的力度，实行任务分解明确、责任到人。首先要建立集体备课制度，在上课提纲的撰写、单元教学设计与课件制作的基础上，要求教师根据个人的个性、教学需要、学情需要不断进行精心修改；其次，鼓励组员开展资源库合作建设与共享，资源库的建设着重于以下资源：案例资源、视频资源、数据资源、图表与图片资源、参考文章资源、专题资源、习题与试题。

（a）

（b）

教学团队讨论和课堂实践

四是在"走出去"的同时，尽可能多地"请进来"，请专家和外校名师进校开设讲座和报告会。

在课题开展期间，邀请广东教育研究院副主任、广东省中小学道法学科教研员钟守权老师、佛山市党校胡庆亮教授、华南师范大学何亮教授，佛山第四中学教育集团成员到我校开展讲座、教学交流。

课题主持人董蔚在课题研究期间多次在全省进行研究成果分享，先后受邀到东莞、连州、潮州和佛山等地进行专题讲座。担任2021年全国中小学思政课评比广东省评委、广东省大中小学思政课一体化教学展示课（初中组）评委、第二届广东省中小学青年教师教学能力大赛省直属初中道德与法治初赛评委。多次担任佛山市中小学青年教师教学能力大赛（初中道德与法治学科）评委、佛山市道德与法治学科青年教师能力大赛评委。2020年，受聘为《广东省教育厅关于实施初中学生综合素质评价的指导意见》修订工作项目组核心成员。2019年至2021年，先后受聘为佛山市精品党课讲师团专家、禅城区教育党建讲师团专家。2021年6月，受邀参加由广东省教育厅组织的"同上一堂党史课"——广东省大中小学思政课一体化教学展示交流活动，担任活动网络评审与指导专家。2021年9月，参加由广东省教育厅组织的《南方教研大讲堂——加强党史教育，筑牢思政课价值根基》录制活动，担任活动嘉宾。

课题组成员陈雁仪老师先后到佛山市顺德区大良中学和清远凉州地区开展教学指导和命题讲座活动；李小勤老师曾到清远凉州地区开展中考备考策略讲座；向远东老师承担佛山市禅城区党史宣讲团；郑雪芝老师开设《国家监察机关》的区域性公开课；颜建军老师在贵州黔东南州黎平县第八中学支教；唐伟松老师赴新疆伽师二中支教，把新思想融进课题的新途径带到少数民族聚居地区和边远山区。课题组成员集体到广东省佛山市三水区云东海中学、顺德龙江中学等兄弟学校开展教研活动。

（a）

（b）

课题组成员赴兄弟学校开展教研活动

　　五是与学校德育处、教务处共同制定一套单独的道德与法治教师教学评价标准体系和学生学习评价体系，因为本课程具有较强的理论政策灌输的职能，不宜与其他科目，特别是与实践技能操作课程用同一标准进行教学评价。

　　（2）以课堂为主阵地，牢牢把握课堂教学的主渠道功能，创新、改进教学方法。

　　创新教学方法，增强道德与法治课对青少年学生的吸引力和影响力，推动新思想融入教学中往实里走、往深里走、往心里走，使广大青少年学生学有所得、学有所悟。课题组用"新思想"的教学融入除沿用传统的教学手段外，也在以下方式进行实践尝试与探索。

　　①采取互动式教学，调动学生参与教学的自觉性和积极性。

　　习近平新时代中国特色社会主义思想，理论性很强。如果在讲解过程中忽视与学生之间的互动，则课堂效果不理想。所以，促进习近平新时代中国特色社会主义思想进入学生头脑，必须加强"教"与"学"的互动，将引导和启发紧密结合，使灌输与互动相得益彰。在课堂中教师可以引导学生以小组为单位进行讨论，通过让学生交流课下研读的内容可以检验学生的自学情况，而且还能促进师生间的进一步交流，使学生和教师互相学习与提升；或者教师可以确定某一主题，让学生以小组为单位搜集资料，制作课件在课堂中进行展示，从而发挥学生的主观能动性，让学生参与到课堂活动中。如，在讲述习近平总书记的理论"青少年阶段是人生的'拔节孕穗期'，最需要精心引导和栽培"时，教师可与学生进行以下互动：拔节孕穗期指的是什么？拔节孕穗期为什么关键？拔节孕穗期应做好哪些事情？引导学生联系自己的成长经历予以总结，结合自己的未来发展进行展望，如此，授课内容自然会进入学生头脑。

②"渗透法"学习习近平新时代中国特色社会主义思想。

所谓渗透法是将道德与法治课的教材教学内容与习近平新时代中国特色社会主义思想融合起来，将新的理论贯穿到教学的各个环节。比如在教学部编版九年级上册"中华一家亲"中"维护民族团结"这部分内容时，教师可以融入习近平总书记近年来在民族问题上的一系列讲话内容，如"56个民族要像石榴籽一样紧紧抱在一起""小康路上，一个民族也不能落下"等内容，渗透到民族政策、新型民族关系的相关知识，使学生深刻体会到维护民族团结重要性，从而自觉践行维护民族团结。在道德与法治教学中渗透习近平新时代中国特色社会主义思想，让学生在掌握知识的同时加深对习近平新时代中国特色社会主义思想的认识与理解。

③通过体验式教学，学生在体验中加深理解、巩固。

要使习近平新时代中国特色社会主义思想和道德与法治学科融合，进入学生头脑，成为学生认知体系、观念体系和行为指导体系的一部分，就必须重视体验式教学，使学生在体验教学环境中不断加深对习近平新时代中国特色社会主义思想的理解，深刻认识其价值所在，并学会运用这一思想分析和解决实践问题。学生学习习近平生态文明思想时，教师播放生态文明建设成功或失败的相关视频，借此为学生营造体验式教学环境和氛围，也组织学生走出校门，参观学习佛山市禅城企业张槎村、莲塘村生态文明建设成功或失败的典型地区。生态文明建设的典型案例能够给学生带来强烈的感知体验，在感性认识的基础上，教师引导学生分析：衡量生态文明建设是否成功的标准是什么？为什么要重视生态文明建设？生态文明建设应重视解决哪些问题？生态文明建设的典型案例带给我们的启示是什么？通过引导学生分析这些问题，学生的感性认识上升到理性认识，进一步加深对习近平"生态兴则文明兴""人与自然 和谐共生""绿水青山就是金山银山""良好生态环境是最普惠的民生福祉""山水林田湖草是生命共同体""实行最严格生态环境保护制度""共同建设美丽中国""共谋全球生态文明建设之路"。

④ 运用问题教学法，引导学生在探究问题的过程中自主得出结论。

把教学主要内容提炼成一个个简明扼要、主旨鲜明的问题，用问题将教学内容串联起来。这些问题，既可以由教师提出，又可以在学生充分预习的基础上，由教师和学生共同提出。问题能凸显教学的重难点内容和教学主题，有助于教学目标的实现。问题答案的探索过程由师生共同参与，教师在其中发挥组织、引导、启发的作用，学生则是思考和探索答案的主体。问题的解决过程也是学生理解、掌握课程内容的过程。运用问题教学法时，学生虽是思考和探索的主体，但教师的组织、引导、启发作用一定不能忽视。教师相当于舵手，是掌握方向的。若忽视教师的舵手作用，则学生的思维可能会散，探究之力不能凝聚，如此很难得出问题的正确结论。在促进习近平新时代中国特色社会主义思想进入学生头脑的过程中，运用问题教学法可起到事半功倍的效果。如：对于实现中国梦思想，我们可以提炼出以下几个问题：实现伟大的中国梦，为什么一定要坚持党的领导？实现中国梦的道路上会有哪些不利的因素，对此应该怎么去应对？实现伟大的中国梦是不是仅仅是党的任务？如果不是，还有哪些方面的主体需要承担责任？学生在课后查找资料、梳理答案，并在课堂上分享对于问题的看法，最终在教师的引导下通过讨论达成一致意见，形成关于问题的共识。在教学过程中，由于学生充分发挥了在问题解决中的主体作用，这一主动式信息接收的效果会更好。

⑤ 充分利用课余时间，通过课外作业的拓展促进学生对新思想的理解，更好掌握教材知识。

习近平新时代中国特色社会主义思想是一个完整的理论体系，涉及的内容非常丰富，包括经济、政治、文化、社会和生态文明建设等领域。每一个领域的内容，都是既包括宏观上的指导思想和原则，又有微观上对于具体实践的要求和规范。如此丰富的理论体系，仅靠课堂教学融入是根本不够的。为此，教师需充分利用课后作业加深学生对习近平新时代中国特色社会主义思想的认识和理解。比如：课题组通力合作，打造出学校的特色教学成果"佛山市禅城区张槎中学道德与法治学科导向案"以教材中每一框题为单位，涵盖"自学导读—平'语'近人—课前预习—课堂检测—课后巩固—思维导图"六大板块组成，在"平'语'近人"中，以一句话的形式，再次向学生呈现与本框题知识相关的系列新思想。

新思想理论性和体系性都很强，对于社会实践参与较少、理论掌握相对薄弱的初中生来讲，完全阅读理解是不现实的。学生难以体会字里行间蕴含的理论魅力，在一定程度上消减了他们持续阅读的内在自觉性、积极性和热情。经教学实践检验，视频观评活动是提高学习实效性的好办法。如《百家讲坛》系列特别节目《平"语"近人———习近平总书记用典》，共12集，每集40分钟左右，包括原声微视频、思想解读、经典释义、现场访谈、互动问答、经典诵读等环节，内容丰富、形式新颖，既让传统文化别开生面，让中国故事历久弥新，又让理论思想入脑入心。

3. 以校园文化为载体，积极营造学理论的校园环境，拓宽融入路径

为加强新思想与思政课融合研究，创新习近平新时代中国特色社会主义思想的载体，探索拓宽融入路径，课题组教师还借助承担丰富多彩的文化活动，开创了"新思想"的集"听、讲、辩、演、做、写"为一体的习近平新时代中国特色社会主义思想"进教材，进课堂，进头脑"的新模式。

（1）形成浓厚的校园文化，加强校园文化氛围的感染力。课题组充分发挥校园"教书育人"的本质，利用自身基础平台建设和环境熏陶过程，将习近平新时代中国特色社会主义思想引入中学生政治教育。首先，课题组先后承办了励志人物进校园、一周时政点评、疫情下的反思、孟晚舟回国专题讲座等方式让时代精神走进校园。其次，通过校园公众号发送推文，将国家新近发布的大政方针、槎中学子为中华民族伟大复兴而努力学习的理性担当、将校园的好人好事的责任诠释、将教书的爱国敬业家国情怀等展现中华民族的优秀传统文化、中华民族精神滋养精神，让习近平新时代中国特色社会主义思想渗透充满

文化底蕴、具备科学素养与人文精神的校园文化，使每个中学生能够通过文化氛围得到身心的熏陶。例如，在共产党成立100周年之际，为弘扬民族精神、树立文化自信、民族自信，学校开展政治小论文比赛。从近几年各项统考的数据显示，学校的时政类分析试题得分有一定优势，这充分说明通过各种形式的活动来营造文化氛围是一种有效的途径。

（2）定期开展各种形式的班会活动，营造良好理论学习的氛围。课题组教师利用班会课，倡导以学生为中心、以情景为中心、以活动为中心的设计理念，也达到教育与自我教育相结合的目的，强调学生在具体的情境中感受班会的主题，有人物的时代感与代入感，在活动中达到情感共鸣、产生情理结合，从而实现世界观、人生观和价值观的升华。例如2021年习近平总书记庄严宣告，经过全党全国各族人民共同努力，我国脱贫攻坚战取得了全面胜利，完成了消除绝对贫困的艰巨任务，创造了又一个彪炳史册的人间奇迹！每一位同学都是见证者也是参与者，每一位同学都切身感受。要进行习近平新时代中国特色社会主义思想的浸润，这就是一个现实生活的情境，学校围绕这一主题开展主题班会，如以多角度选点，选择的角度不同对中学生达到的教育目的也会千差万别。我们从扶贫干部黄文秀的事迹培养学生的责任担当意识，使他们把爱国精神与个人的素质和技能结合在一起，进行习近平新时代中国特色社会主义思想中的责任意识的教育；我们也可以从中国的消除贫困谈人类命运共同体和中国智慧、中国方案。

开展爱国主义主题教育课

（3）开展丰富多彩的文化活动，丰富融入形式。课题组充分利用学校开展的形式多样的文化活动，特别是大型的文艺晚会让同学们的爱国情怀迅速升温，在张槎中学特色校园建设中的第二课堂承办了"时政论坛""时政点评"，在建党百年庆典活动承办了校园辩论赛、协助编排舞台剧"绣红旗"等。在各项文体活动中进行爱国主义教育，增强学生的国家认同。

（a）

（b）

开展丰富多彩的文化活动

（4）利用升旗仪式，开展与时俱进的国旗下讲话。升旗仪式在发扬爱国主义中起着非常重要的作用。在举行升旗仪式的过程中，要对学生的情感影响达到潜移默化的作用。课题研究期间，我们创新升旗仪式的模式，参与承办了佛山市禅城区"百万师生同升一面旗"升旗仪式，创新其环节，全校师生齐唱《我和我的祖国》，邀请抗疫英雄讲话等；国旗下讲话紧跟时代步伐，做到与时俱进。宪法日、环保日、国家安全日，紧跟时代的步伐转换演讲的题目，为全校师生上了一堂生动的爱国教育课。

（a）

（b）

升旗仪式和爱国教育课

（5）学校以爱国主义教育示范基地为载体举行形式多样的研学活动。在爱国主义教育示范基地开展爱国教育，在弘扬和培育民族精神方面有着不可替代的作用，是弘扬和培育民族精神的重要阵地。课题组利用外出研学机会组织学生参观博物馆、历史古迹、党风廉政建设基地；清明节鼓励学生自发在佛山市各烈士纪念碑致敬烈士，在活动过程中将一些价值观潜移默化地传达给学生。该教学方式普遍受到学生的欢迎，易于为学生理解，也方便学生掌握。

（a）

（b）

研学活动

4. 推动学校多部门协同，创新教与学的评价机制

如何衡量新思想和道德与法治教学有效融合的效果是一个难度较大的课题。学校教学质量评价机制导致融入困难。这里的评价机制主要是指围绕教师教学质量的评价以及围绕学生学习质量的评价方式，学校教学的方式始终围绕着"考试"这个目标进行。政治教育成果主要反映在了被教育者的核心价值观是否积极向上，由于其教育成果的检验时间跨度能够从中学到步入社会，加之

反馈机制无法量化，干扰因素极多，同时又是一门高度依赖"言传身教"的非定量课程，所以一套科学有效的执教评价机制是提高教师执教水平，提高学生对于政治教育认同的关键点。因此课题组认为，道德与法治应更加强调"树人育德"的考察方式。目前，针对教师的评价机制主要反馈在升学率上，忽视了作为学生核心价值塑造的考评，而针对学生的评价方式则唯分数论，评价学生的好坏主要反映在学生的综合笔试成绩上，从而间接地导致了教师执教方式方法向应试教育进行倾斜。这种考评机制导致教师的主观能动性发挥不足，缺乏将习近平新时代中国特色社会主义思想作为核心价值观融入课堂。同时，学生也缺乏将习近平新时代中国特色社会主义思想融入自己的课堂的驱动力。因此，课题组与学校德育处、教务处共同制定了一套单独的道德与法治教师教学评价标准体系和学生学习评价体系。

（1）多元评价促成长

"善之本在教，教之本在师。"习近平总书记强调，"办好思想政治理论课关键在教师"，因此张槎中学教务处、德育处和道德与法治科组形成协同机制，落实《师德考核实施细则》等师德建设制度，建立健全教育、宣传、考核、监督与奖惩相结合的道德与法治课程长效机制。逐步探索单独设立思政教师考核评聘序列，把道德与法治教师获得的教学成果类奖项、在教书育人方面的特殊贡献、被有关部门采纳并发挥积极作用的社会调研报告，作为年度考核和区优秀思政教师等奖项评选的依据。完善道德与法治教师考核评价与奖励制度，将教学质量、学术贡献、育人效果、服务国家、考核和评价的内容，从而激励教师潜心研究教学内容，努力创新思政课教学方法，在提升思政课育人实效上下功夫。同时，形成常态化的制度，在科组内形成互学互进、互相监督的局面，将推进习近平新时代中国特色社会主义思想融入校园的各项工作稳步落实。先后有董蔚老师、唐伟松老师荣获禅城区十佳优秀思政教师。

（2）从显性效果和隐性效果测评学生

学校的所谓显性标准就是能让人看得见、摸得着的东西；所谓隐性标准是指思想内化于心、外化于行，通过个人行为所表现出来的东西。思想是行动的向导，一旦被学生所接受，在实践中会指导自己的行动。

① 显性评价

课题组尝试在显性标准采取多样化评价学生：通过阶段学情调研，在试题上引用习近平新时代中国特色社会主义思想中的一些讲话精神，结合教材内容，让学生做逻辑分析、评论，通过知识竞赛了解学生对新时代中国特色社会主义思想内容掌握程度的测试。虽然内容的掌握并不意味着思想上的真正认同，但却是认知过程中不可缺少的环节。以课后作业拓展为载体，宣传新时代中国特色社会主义思想的主题活动，比如演唱会、小品、相声、书画等形式，从数据的留存和活动的开展都给人以直观的印象。

② 隐性评价

第一，学生价值理念的提升是衡量新思想融入学生大脑的道德标准。习近平总书记讲道："核心价值观，承载着一个民族、一个国家的精神追求，体现着一个社会评判是非曲直的价值标准。"社会主义核心价值观融国家、社会、公民的价值要求为一体，是引领全社会的价值向导。习近平总书记曾把青少年比喻成衣服上的第一粒扣子，如果人生的"第一粒纽扣"系歪，将影响整个人生道路。可见，青少年的价值观决定着其人生的走向。"道德与法治"课程的根本任务在于立德树人，培养学生从自我做起、从自身做起，关心国家、人民，关心世界，学会担当社会责任。"一个人只有明大德、守公德、严私德，其才方能用得其所。"如果学生能做到爱国、懂礼、明德、守法、诚信、友善，就是用自己的行动践行社会主义核心价值观，也是新时代中国特色社会主义思想融入头脑的表现。

第二，对党的认同是衡量新时代中国特色社会主义思想进入头脑的政治标准。习近平总书记在不同场合多次强调，中国共产党以人民为中心的发展理念，树立了党在人民群众中的威望。学生认识到新时代我国各项事业所取得成就的认同，自然会产生对共产党的信赖感和对国家的认同感，行动上自觉维护共产党，向共产党靠拢，自然会自觉申请加入共产党的后备力量。当然，任何一种思想从被接受到行动上的体现，会有一个过程，不能期待立竿见影的效果。

第三，学习态度和学习风气的好转是衡量新时代中国特色社会主义思想进入学生头脑的责任标准。青少年是国家和民族的希望，将担当起实现中华民族伟大复兴的历史使命。只有树立为国家而读书的理念，才能锤炼良好的道德品格，才能担当国家赋予的历史使命。因此，通过新思想融入的学生，能否坚定理想信念、能否端正学风、能否增强责任担当、能否迎难而上都成为考核的内容。

后期总结阶段（2020年12月—2021年12月）：

（1）汇编研究论文集、典型课例集、选修学案、学生成长记录本。

（2）调查报告与分析材料若干份。

（3）撰写课题研究的结题报告。

六、存在问题

（1）由于目前国内对于习近平新时代中国特色社会主义思想融入思政课程的研究多数是在高校思政课程研究上，对于基础教育的有效融入研究较少，课题组未能提出系统全面的融入路径，只是做了初步的探究；在今后的研究中，将在实践中不断积累总结。

（2）课题研究期间刚好遭遇疫情防控常态化，课题组成员的外出学习交流活动受到一定的影响。课题组教师给学生布置的一些社会实践活动，让学生全方位接触新思想的道德与法治课程也产生了一定的局限性，这也在很大程度上影响了一些实效性的评估。

（3）习近平新时代中国特色社会主义思想的相关知识进入学生头脑，在学生头脑中扎下根，播下种子。而"出头脑"则是"进头脑"的一种更高表现形式，让"种子"生根发芽。简言之，"进头脑"是学习习近平新时代中国特色社会主义思想等有关理论知识，而"出头脑"是要求把学到的知识外化于行，用于各项社会实践，为学生人生起航提供宝贵的思想指导。这个过程将持续较长时期，不是学生在初中这几年就能看见明显转变和效果的，所以也对结果评估造成一定的影响。

七、研究中的反思和后续研究展望

（1）继续不定期组织课题组成员学习相关理论知识，如研读《习近平新时代中国特色社会主义思想》。

（2）不断更新教学观念，课题组成员开展互相学习，包括日常的备课、说课、听课的生本课堂；摆脱陈旧的教学模式，打造重视核心素养的生本课堂。

（3）整合"读本"教材资源，拓宽更多且探索行之有效的融入途径。

参考文献

[1] 习近平.在中国共产党第十九次全国代表大会上的报告［M］.北京：人民出版社，2017.

[2] 习近平.习近平谈治国理政：第三卷［M］.北京：外文出版社，2020.

[3] 党的十九大报告辅导读本［M］.北京：人民出版社，2017：20，69.

[4] 陈宝生.扎实推进党的理论创新成果进头脑［N］.光明日报，2018-07-24.

[5] 习近平."大思政课"我们要善用之.［N］.人民日报，2021-03-07.

[6] 黄一兵.习近平新时代中国特色社会主义思想的理论特色［N］.人民日报，2019-06-28.

[7] 关于深化新时代学校思想政治理论课改革创新的若干意见［N］.中国青年报，2019-08-15.

[8] 张浩.静下心来读原著学原文悟原理［N］.人民日报，2019-07-02.

[9] 沈壮海，王芸婷.用习近平新时代中国特色社会主义思想铸魂育人［J］.思想理论教育，2020（6）：40-46.

[10] 谢传仓，洪雅.对习近平新时代中国特色社会主义思想"三进"的几点思考［J］.学校党建与思想教育，2018（22）.

新时代中国特色社会主义思想与初中
思想政治教育有效融合的践行

一、课题组开展各种主题活动情况

董蔚老师召开"爱国主义主题教育课——《吾辈自强》"，旨在引导学生树立正确的人生观、价值观，增强学生的爱国主义意识，激发爱国主义情感，增强"四个意识"、坚定"四个自信"、做到"两个维护"。

（a）

（b）

（c）

（d）

爱国主义主题教育课——《吾辈自强》

董蔚老师参加初一级"请党放心，强国有我"主题队日活动暨建队仪式。

"请党放心，强国有我"主题队日活动暨建队仪式

课题组协助举办"童心向党"百万师生同升国旗爱国主义主题教育活动。全体师生同升国旗、同唱国歌，用庄严的仪式感向党和祖国深情告白。

（a）

（b）

"童心向党"百万师生同升国旗爱国主义主题教育活动

课题组老师协助编排的舞台剧《绣红旗》获得佛山市首届校园戏剧节决赛展演三等奖。

（a）

（b）

（c）

（d）

舞台剧《绣红旗》

听党话，跟党走，让红色基因代代相传。在建党百年之际，课题组主办"礼赞百年荣光，奋进筑梦征程"主题辩论赛活动。

（a）

（b）

（c）

（d）

"礼赞百年荣光，奋进筑梦征程"主题辩论赛活动

　　课题组举行了"童心向党，歌唱祖国"庆贺建党一百周年红歌合唱比赛以及"童心向党，党的光辉照我心"庆贺建党一百周年诗歌朗诵比赛。

（a）

（b）

（c）

庆贺建党一百周年诗歌朗诵比赛

向远东老师通过视频方式为全校的党员同志、老师和同学们开展题为"奋斗百年路　启航新征程"党史专题教育授课。

（a）

（b）

（c）

（d）

"奋斗百年路　启航新征程"党史专题教育授课

　　课题组成员积极参与协办学校的各年级研学活动，带领学生走进社会、亲近社会。

（a）

（b）

（c）

（d）

（e）

（f）

（g）

（h）

各年级研学活动

　　向远东老师作为校团委书记，利用自身专业优势和课题研究成果，开展学校的团建工作。

（a）

（b）

（c）

（d）

向远东老师开展学校的团建工作

由课题组老师组建的张槎中学志愿者们，定期在校内外开展各种公益活动。

（a）

（b）

（c）

（d）

张槎中学志愿者开展各种公益活动

　　课题组成员利用各种时政热点，把握教育契机，厚植爱国情怀，增加同学们的民族自豪感与国家认同感。

（a）

（b）

（c）

（d）

（e）

（f）

（g）

（h）

增加同学们的民族自豪感与国家认同感

二、课题组成员协助党建、团建工作图片

　　董蔚老师因个人的先锋模范作用和在党务工作中的出色表现，被评为2021年佛山市禅城区优秀共产党员。

（a）

（b）

（c）

（d）

董蔚老师被评为2021年佛山市禅城区优秀共产党员

　　课题主持人董蔚作为张槎中学党支部书记，在学校作了"党建引领践初心学校发展暖民心"的总结汇报。

"党建引领践初心学校发展暖民心"的总结汇报

　　向远东老师作为建党100周年党史宣传员到佛山市禅城区基层开展党史宣讲活动。

（a）

（b）

（c）

（d）

向远东老师开展党史宣讲活动

三、教学教研图片

（a）

（b）

（c）

（d）

日常工作中课题组组员的集体学习、教研

（a）

（b）

（c）

（d）

课题组与佛山市顺德区丰华中学开展教研活动

（a）

（b）

（c）

（d）

课题组赴佛山市三水区云东海中学开展教学教研活动

（a）

（b）

董蔚老师于2020年12月20日召开师徒结对展示课"踏上强国之路，复习课"

（a）

（b）

陈雁仪老师于2020年11月参加佛山市顺德区大良街道梁开中学教学视
导活动，并执教公开课"'增强文化自信　凝聚价值追求'复习课"

陈雁仪老师于2020年11月11日赴清远市连州市开展
初中《道德与法治》命题探究讲座

（a）

（b）

陈雁仪老师于2021年11月14日再赴清远市连州市开展初中《道德与法治》命题探究讲座

陈雁仪老师在学校举办讲座"近年中考试题分析及命题基本要求"

李小勤老师于2020年11月在连州市举办"基于核心素养导向下的
2021届中考备考策略"专题讲座

李小勤老师在课题组内作的"落实立德树人，培养扶差"讲座

寻找新时代
初中思想政治教育的有效途径

（a）

（b）

郑雪芝老师承担区教研活动，与佛山外国语学校
的老师同课异构《国家监察机关》

（a）

（b）

郑雪芝老师执教的区教学视导课《共筑生命的家园》

（a）

（b）

向远东老师执教的区教学视导课《开放多元的世界》

（a）

（b）

黄颖仪老师（作为郑雪芝老师的徒弟）
执教的师徒结对汇报课《爱在家人间》

（a）

（b）

李日尧老师（作为董蔚老师的徒弟）执教的师徒结对汇报课

（a）

（b）

（c）

江子晴老师（作为陈雁仪老师的徒弟）执教的佛山市禅城区
第四中学教育集团同课异构课

新时代中国初中学校思想与道德
学科有效教学模式的探索

一、自主学习课堂的提出

"345"自主学习课堂提出的背景：

（1）党的十八大报告指出全面实施素质教育，深化教育领域综合改革，着手提高教育质量，培养学生社会责任感、创新精神、实践能力，这就要求学校要适应素质教育的要求和激烈的教育竞争形式，积极探索教育规律，走现代教育之路，通过课堂教学改革，转变教学模式，把简单追求教学成绩最大化切实转向科学追求教学效益最优化的轨道上来。

（2）教育部2014年《关于全面深化课程改革 落实立德树人根本任务的意见》中，提出"核心素养体系"概念。最新的中学新课程标准最重要的育人目标是以培养"全面发展的人"为核心，分为文化基础、自主发展、社会参与三个方面。而其中的"自主发展"——强调能有效管理自己的学习和生活，关键的表现是自主学习。

（3）现状：大部分教师"以教师为中心、以课堂为中心、以知识为中心"；学生被动学习，不会思考，不愿表达，缺乏学习主动性和积极性。

二、自主学习课堂的理论依据

（一）杜威的五步教学法

① 创设问题；②给资料，使学生观察、分析、研究；③学生提出解决问题的设想或方案；④ 推理，求得解决问题的方案；实验验证，动手去做，在做的过程中判别这些解决方案的有效性。

特点：突出以问题为中心，以学生为中心，强调行动。

（二）"学习金字塔"的理论

学习效果在50%以上的：团队学习、主动学习和参与式学习；能够记住90%以上：参与讨论和发言、作报告给别人讲、亲身体验、动手做。

（三）主体认识论

主体认识论在课堂教学中特别强调学生的主动性、能动性和独立性；激发学生的学习兴趣与学习热情。

（四）建构主义学习理论

学习者主动建构的过程不是教师"灌输式"的过程，既强调学习者的认知主体作用，又不忽视教师的指导作用。教师是帮助者、促进者，而不是知识的传授者与灌输者。

（五）人本主义学习理论

以学生为中心，反对学生灌输式的无意义学习。认为教育的目标就是要实现学生的整体发展，教学过程就是要促进学生的个性发展的过程。学生的自主、自发、全身心投入的学习才会真正产生良好的学习效果。

三、自主学习课堂的研究现状

（一）国外现状

（1）"翻转课堂"：将学习知识的过程转移到课外，赋予了学生更多的自主学习，提出有效的见解，在课堂中解决问题，发挥学生主体作用。

（2）芬兰教育全世界领先，课堂教学特点是以学生为中心、以问题为中心。学生在活动中学习、在做中学。课堂上教师讲得很少，学生独立学习、小组研讨、充分展示，教师与学生可以共同评价。

（3）美国的课堂上，教师先讲解本节课的核心与重要的内容、提纲，布置任务与提出要求，然后学生自己动手，自学、讨论，利用教学用具实物学习或利用电脑收集资料，教师在课堂上检查学生完成的情况或提供指导与辅导，小组合作讨论是常态。

（二）国内研究与实践分析

自2001年新课程改革以来，教学思想的大解放促使课堂教学方式发生了摧枯拉朽式的变革，全国上下先后涌现了九大教学模式，从"洋思"的经验到"杜郎口"的旋风，无时无刻不让我们体悟到改革所带来的课堂学习方式的巨大变革。其中杜郎口中学、洋思中学、东庐中学、山东昌乐二中、山西新绛中学为典型代表。他们共同的理念是以学生为出发点；方式方法：学案导学、先学后教、以学定教、小组合作学习等。"先学"暴露问题，"后教"分析和解决"先学"中的问题，这种分析和解决问题是真实有效的，最终使学生在解决问题中获得真正的知识、能力、情感、思维。

由此可见，"345"自主学习课堂与新课程倡导的"自主、合作、探究"是契合的，符合认识论基本规律的，体现杜威、陶行知等提倡的"做中学"。自主学习课堂能促进学生自主发展、促进教师专业发展，提升学校教育教学质量，实现可持续发展。

四、"345"自主学习课堂的架构

近些年，随着社会的发展和创新，在教育领域不断涌现出教学改革的新成果，促使中国的现代化教育水平更上一层楼。在这一过程中，人们越发注意到教育的本质，不论是"翻转课堂"还是"探究式教学法"，都是从学生的角度来开展教学，注重学生在这些学习模式中的参与作用和学习效果，因此，"345"自主学习模式应该是最能体现这一特点的。

"三段四度五步式"（又被称为"345"）自主学习模式。"3"即三个阶段：课前预习、课堂学习、课后复习；"4"即关注课堂上学生的四个度：准备度、兴趣度、参与度、达成度；"5"即五个步骤：预习反馈、活动导学、精讲提升、复习巩固、总结延展。

1. 三个环节

（1）预习环节

在"345"自主学习模式下，学生的预习显得尤为重要。"凡事预则立，不预则废。"传统课堂教学中之所以存在"少、慢、差、费"现象，很重要的一个原因是淡化了预习这个重要环节。预习是学习全过程的第一个环节，"好的开始是成功的一半"。预习习惯的培养，为自学能力形成奠定了基础，充分的预习可大大地提高课堂效率。刚开始训练时，预习最好放在课内进行，教师以教给学生方法为重点，引导启发学生自己探索，自求解决，并及时点拨。待进行了一个阶段的训练之后，学生预习的技能已经形成，对预习已消除了畏难发愁的心理，并且有了独到的见解，产生了兴趣，这时便可放手让学生进行课外预习。

（2）学习环节

课堂学习，理应是教学活动的主要阵地，是传播和获取知识的主渠道。课堂教学发挥了作用，既可以减轻学生负担，又可以提高教学质量，这是"345"自主学习模式研究的核心问题。在教学中，采用"导学设计"的形式，课堂教学达到"自学、启思、精讲、多练"的要求，优化了课堂结构，收到了较好的教学效果。

（3）复习环节

课堂练习是学生在形成新知识基础上的巩固过程，是对学生掌握情况的一个重要反馈。我们的课堂要求避免"课上师生热热闹闹，课下大家莫名其妙"的低效或无效的学习。反馈练习应做到设计新颖，趣味性和知识性兼顾，要求学生独立、及时在课内完成，这样做有助于让学生养成在课堂上全神贯注、独立思考的学习习惯和能力，有助于准确反馈学生学习情况，有利于教师准确掌握教学的容量和速度，同时也有助于减轻学生的课业负担。

2. 四个度

在课堂上，我们关注的四个度，其实就是关注学生发展的三维目标，即知识与能力、过程与方法、情感态度与价值观。

（1）准备度——关注学生学习新知识的情况，让学生有备而来地学习，主要是学生课前的预习，从以下几个方面来进行关注。

① 物质准备，即学生是否准备好了学习所需要的所有用品，只有学生做好了物质准备，学生才能真正走进课堂，参与学习。

② 心理准备，学生的注意力一般容易受到外界的影响，一节课的成功与否，也取决于学生是否做好了心理准备，如预备铃响了，及时地进入教室，等待课堂的开始，效果就会很好；反之，如果课堂吵吵闹闹，人虽进了课堂心却不能安静，学习效果肯定会大打折扣。

③ 知识准备，学生在课前的预习中，一定要厘清本节课准备学习什么内容，本节课所学内容中有哪些是自己通过预习能够理解的，又有哪些知识点是自己不理解的，需要在课堂上得到教师的帮助等。有了这些准备，学生才能够有目的地走进课堂，课堂效率也才能事半功倍。

（2）兴趣度——关注课堂上学生的情感态度，让学生乐学。

古人说："教人未见其趣，必不乐学。"因此，能否调动学生的学习兴趣，关系到教学的成功与否，只有当学生对其学习内容产生兴趣，才会乐意去学，才会去积极思维，才会受教育于轻松愉快之中。兴趣，是点燃智慧的火花，是探索知识的动力，教育改革家魏书生说："兴趣像柴，既可点燃，也可捣毁。"如果教学方法恰当，学生对课堂的内容发生兴趣，他们的思想就会活跃起来，记忆和思维的效果就会大大提高；反之，则把学习看成是精神负担，效果必然降低。

（3）参与度——关注全体学生的学习过程，让学生积极主动学习重视激发兴趣，启发学生参与。学习动机是直接推动学生参与学习活动的心理动因。学习动机就其心理成分来说，一方面是学生的志向，另一方面是学习兴趣，而兴趣在学习活动中起着定向和动力的作用。学生是学习的主体，是课堂的主人。

在教学过程中，教师要根据教学需要创设合乎实际的教学情境，引导不同层次的学生通过动脑、动口、动手等多种途径积极参与教学过程。教与学的活动是师生的双边活动，教师及时把学生参与学习的结果反馈给学生，有利于强化学生的参与意识，采用积极评价，促进学生参与。重视小结归纳，通过师生的小结和归纳可以帮助学生将获取的知识进行整理，使之系统化，从而巩固学习成果，提高学生参与的质与量。

（4）达成度——关注学生对知识的掌握和能力提升情况，让学生学而达标。任何的改革，都必须为效果服务，学生能否得到发展，教师能否得到提高，是我们本次课堂教学改革关注的重点。一堂课的目标达成应贯穿课堂的始终，单纯以几道检测题来评价目标达成度，是非常片面的。我们尝试着进行了一些探索：第一，目标检测题的检测针对三维目标中的知识、能力、目标层面的达成情况，也有部分检测题能够检测出学生在情感、态度、价值观方面的达成情况，同时兼顾过程、方法这一目标的达成情况。第二，学生能力的发展包括多个方面，课堂教学中，要进行多方面的训练，才能切实提高学生的整体素养。第三，教学要强调"教材只是个例子"，让学生也体会"用教材教"的观点，自己体验"走进教材"，进而自主探索出学习的规律和方法。学生要掌握不同的知识点，要通过自主、探究、协作等有效的学习过程才会有实效的结果。作为教师，要提高学生学习活动的达成度就必须设计好每个教学环节，把握好每个教学环节的节奏，使每个环节的学习活动落到实处，这样才能确保课堂学习的有效。

3. 五个步骤

陶行知先生曾旗帜鲜明地提出"六大解放"的主张，即解放儿童的头脑、解放儿童的双手、解放儿童的眼睛、解放儿童的嘴巴、解放儿童的空间、解放儿童的时间。"345"自主学习模式的五个环节中，最关键的是活动导学。"活动导学"，是指以"活动"为媒介引导学生在"活动"中自主、合作学习，实现教学目标的过程。它是一种"学生主动作用于教学内容的方式及其过程"，包括内在的思维活动、物质操作活动和社会实践活动，其中"活动"是呈现学习目标、学习内容、活动方案等教学元素的平台，是导学的主要手段。说到底，"活动导学"就是教师通过创设情境、点拨启迪、评价提升等手段引导学生自主学习。它主要包括导趣、导思和导行等。"活动导学"致力于开放课堂，要让学生充分地动眼看、动耳听、动脑想、动口读、动手写、动手做，最大限度地解放学生，还学生以主体地位，让学生在活动中迸发天性、发挥灵性、张扬个性，把基于生命、顺遂生命、成就生命作为课堂学习的基本目标。实践证明，"当学生不再依赖老师时，他的内心才会出现一个强大的自我，会变得更自信。一个人，越自信，越强大；越强大，越爱学；越爱学，越会学，逐渐形成良性循环，焕发出极大的潜能。"活动导学过程中，学生通过自主、合作、探究、展示、检测、反馈等活动，有效地实现了陶行知提出的"六大解放"的主张。

（1）预习反馈——学情了解，梳理问题

这一环节重在训练学生收集、分类、概括知识与相关信息的能力。教师至少提前一天将讲学稿发到学生手上。学生依据讲学稿中的自学指导要求，逐段逐节研读教材，完成学案所提出的任务与要求。学生课前已进行预习自学的学科，课堂上可直接进行自学检测，以展示反馈的方式，反映自学的结果与问题。教师在学生自学过程中，要对自学活动及时了解调控，及时发现生成与预设的差距，为下一环节的小组合作学习活动与教师的点拨评价作准备。学生要做好自学小结，把自学中的收获与疑问记录下来。

（2）活动导学——小组合作，交流释疑

这环节重在训练学生与他人合作探究的能力，对书本结论、他人观点提出自主分析与评价的能力。针对学生在自学环节中遇到的困惑或者在学习中有探讨价值的问题，教师随机组织学生进行小组学习，以一帮一、四人小组合作或者六人小组合作的形式进行兵带兵、兵教兵，解决学生的个性疑问；教师可深入小组，做进一步的学情了解，并随机辅导点拨。

在导学活动的引领下，通过小组学生的自主探究，合作讨论，进而大胆展示、思辨争鸣，从而实现知识的主动建构。教师课前要精当准备活动导学，充分考虑到学生的认知特点，充分利用导学阐明目标要求，辅以指导。鼓励学生采用多种方法解决疑难问题，梳理共性问题，明确学习目标，强化合作学习目标。在这个过程中能有效培养学生质疑问难、合作探究的能力，激发其学习动力。

（3）精讲提升——当堂训练，目标达成

这个过程与活动导学环节不是割裂开来的，可以根据课堂实际情况进行有机整合，着重发挥教师作为学生学习活动的组织者、引导者、合作者、参与者的作用，为学生学习释疑解难、化难为易、点石成金，对于学生理解难点处做出精当的诠释，从而帮助学生轻松地建构知识体系，实现知能合一。教师在这个环节中主要是针对教材的重难点，设计有质量、有梯度的问题，根据学生课堂学习的实际情况进行恰当调整和补充；令学生自我检测，及时发现漏洞并进行自我校正，教师也对存在的共性问题进行校正，从而达到巩固知识，夯实基础的目标；培养学生学以致用、解决实际问题的能力。

（4）展示反馈——练习巩固，建构体系

这一环节重在训练学生准确、有条理的口头表达能力。在此环节中，训练是主线，展示是手段，反馈是目的。对于讲学稿预设的习题，学生都有一个"自做—交流—总结"的学习过程。在展示反馈时，小组问题可在小组内展示；共性问题在全班展示，可以采用口头回答、表演、图画、实物、实验等多种展示方式进行反馈。若要求学生讲清知识的探究过程以及思路感悟，也可让学生用PPT等辅助展示。

（5）总结延展——小结要点，拓展延伸

这一环节重在帮助学生梳理知识框架，训练学生关注、发现可持续发展实际问题并提出创新型解决方案的能力。此环节最能彰显教师的功力，也是备课进行个性加工的重中之重。要求教师做到先评后点、评中有点、点中有评。教师要在学生展示的过程中，巡视展示的内容，要甄别对错，及时判定，同时发现有代表性的问题及学生思维的亮点，及时进行点拨讲解。对于思维的多元表现，教师要加以激励引导，三言两语点出妙处。通过教师精要的评价点拨，学生总结解题思路、规律和办法，形成个性化的学法。同时，教师的点拨还可以进行适度的延伸，为下节课的学习埋下伏笔。

　　课堂改革的核心是把课堂交给学生，让学生亲历探究知识的过程。在课堂教学中，我校正在探索尝试"345"自主学习课堂教学。我们认为，这五个环节不可机械地割裂开来，而是合作中有展示、展示中有合作，过程性评价更是贯穿始终，一定要视需要进行融合。如果离开了这四个环节的支撑，没有了这样的教学思想和操作过程，那么导学案将异化为一份简单的训练卷。

五、构建自主学习课堂的独特性

（一）学生有内在的强烈的学习动机

　　作为自主课堂构建主体的学生必须先要带着内在的、强烈的学习动机走进课堂学习，并且这种潜在的学习兴趣在教师的合理引导之下，可逐渐发展成为相信自己在现有的课堂环境中有能力掌握教授的知识。

（二）重视学生情感需要的满足

　　关于课堂和教学的研究通常关注较多的基本都是教师的策略方法和教学组织形式，很少关注学生需求，但是随着研究的深入会发现，学生的自我效能感、归属感、课堂权利和自由、情绪安全等对教学效果的影响巨大，这些会逐渐成为教学效果的关键影响。要注意的是，学生的需求中有不少是非学业的，而是关于学生在课堂中的身份、态度、情感以及自我调控感等。教师创建积极课堂环境的决定性要素，就是教师对学生个人因素的敏感程度。自主课堂是有利于自主学习的课堂环境。课堂环境的一个重要组成部分就是学生集体在课堂上的情绪、情感状态。因此，构建自主的课堂教学环境首要的前提就是充分重视学生的情感需要，让学生有充分的情绪安全感。

（三）学生有一定的学习能力和学习方法

　　自主学习课堂不是盲目地自主，而是在具有一定学习能力之后，在教师适当地引导下合理运用自身的思维方法和认知策略来进行自主学习。自主学习课堂对学生的学习方法、学习结果、学习计划都有较高的要求。因此在构建自主学习课堂时，学生必须掌握一定的自主学习能力，有一定的学习策略，还要有一定的知识结构，才能有效地构筑自主学习课堂。

（四）学生在学习过程中有一定的调控和管理能力

自主学习是自主课堂的实质，而自主学习对于学习者的动机、行为和元认知能力都有相当程度的要求，学生在走进自主课堂之前，除了具备一些基本的学习方法和策略之外，还需要具备一定的调控和管理能力，亦不同于传统课堂的教师全权控制。只有达到一定程度的元认知水平的学生才会主动地对自己的学习事件中的各要素进行选择和组合优化，对学习过程进行评价和反思，以期得到进一步的协调和发展。

（五）教师让位于学生，学生成为课堂真正的主体

传统课堂之下的课堂全局主要由教师控制，学生很少能够提出自己的想法，有针对性地提出自己对课堂、对教师的认识，传统教学的师道尊严更是把教师置于绝对权威地位，学生对于课堂的建议和意见很少能够如实反映给老师。久而久之，学生对于课堂气氛的不满情绪越来越多，积极性也会随之受到抑制，对课堂教学的兴趣大大降低。而这绝不是我们要构建的自主课堂环境，课堂要实现自主，最重要的就是要还学生以自主，把课堂真正地还给学生，转变自身角色为学生的辅助者、引导者，而不是主导者、控制者。学生情感是形成课堂气氛过程中最重要的影响因素，只有学生感觉到自己的自主性得到了充分的尊重，才能实现自己的个性发展与能力提升，也才真正能使教学更有效率、更有价值。

（六）学生参与课堂管理，注重培养学生的责任感

把课堂的管理权利从一开始就交给学生，让学生在上课初期就明白自己是课堂的主人。在课程的学习过程中培养学生的责任感，有利于开发他们的综合能力，有利于维护课堂秩序，有利于提高课堂教学水平，为自主课堂的构建提供实例支持。教学教的是知识，更是方法；学习学的亦是知识，亦更是方法。只有让学生在课堂上学到真正的本领，让学生懂得自己是课堂的主人，是学习的主人，才能激发他们学习的内驱力；让学生懂得学习真正的意义，掌握真正学习的方法，学到真正的知识，才是自主学习课堂的意义。

六、"345"自主学习课堂的实践与探究

我校从2011年起研究自主学习课堂教学。2016年起我校重新对当今教育形势进行了科学的分析,对学校课程改革进行了重新定位,选准研究学生的学习方式作为我校课堂改革的切入点。在原有研究成果的基础上,提出了"345"自主学习课堂教学模式——以讲学稿为载体的可持续学习方式的探索。

"345"学习课堂改革历经4年的艰难探索,走过了"模仿、建模与深化、提升"两个阶段,逐步实现了"转型升级",促进我校教学质量全面提升。经历了由模糊到明确、由潜意识理解到深层次内涵的开发、由理念与行为的脱节到理论与实践的融合创新的发展历程。

(一)"模仿、建模—深化、提升":课改经历的两个阶段

"345"自主学习课堂课改的实践与探索,经历了"模仿、建模与深化、提升"两个阶段。

1. 模仿、建模:学习教改先驱,摸索建立教学模式,保障课堂改革大方向

2011年,学校开始实施自主学习课堂教学时,有的教师不愿接受课改的理念,有的教师虽接受理念但受传统教学的影响,不敢付诸行动。针对这些问题,学校首先对教师进行全员培训,组织教师学习吸收系统理论知识(人手一本专著);再利用"走出去,请进来"的方式让教师们接触最新的教学理念。如到兄弟学校观摩取经、请来专家传经引领;此外,我们还派骨干教师去东庐中学等江浙一带知名学校参观学习。

以点带面,推进教改。学校采取以点带面的方法,先让部分有教研能力、课改氛围好的科组和教师先动起来,再辐射影响其他科组和教师,最终实现全员参与课程改革。2013学年下学期开始,初一级和初二级语文、英语、数学、物理等带头学科全面编写"讲学稿"和实施"讲学稿"课堂教学。为了用好讲学稿,教务处随后制定了明确的实施规范——《"讲学稿"实施规范》。经过将近一年的探索,学校讲学稿的推行取得了明显成效,师生对讲学稿的使用更加熟练、有效。2014年学校中考成绩有了突出性的飞跃,成绩的取得与以"讲

学稿"为载体的自主学习课堂的教学改革探索密不可分。尝到了"甜头",看到了收获,辐射影响着各科组都跃跃欲试,随后学校各科全面推行讲学稿。

在2014年、2015年的教学公开周上,各科都推出了一节"讲学稿"课堂教学模式的探索课,并邀请市区各科教研员,前来听课指导,与兄弟学校的同行一起探讨研究。同时,教导处进一步明确"讲学稿"的实施规范,举办了精品"讲学稿"评比活动,评出了15份精品"讲学稿"。一系列的举措进一步推进了"讲学稿"教学模式改革的进程。

在2015年中考,学校总平均分再一次跃升,进入区公办学校排名前列。这针强心剂更坚定了学校继续开展以"讲学稿"为载体的"教学合一"的教学改革的信念。

2."深化、提升":与时俱进,精细化研究,追求师生"教与学"的可持续发展

经历了四年课改,讲学稿教学基本成形,但是随之又出现了新的问题:①部分教师在课堂上依然不敢放手让学生自主学习,不敢把展示的机会让给学生,认为让学生展示太浪费时间,完成不了教学任务,因此自主学习、小组学习、课堂展示流于形式;②在讲学稿的起始环节——自主学习环节,由于学生能力有差异,所以有的学生吃不饱,有的吃不了,课堂上教师把握不好哪些问题该解决、哪些不该解决;③小组合作的实际把握不好,课堂展示的面太小;④在整个课改中如何对教师进行评价,如何在小组合作中对班级和学生进行评价,等等。这些问题的出现,使学校课程改革停滞不前,教学质量曾出现下降趋势。

2016年起,学校针对以上问题进行了精细化的研究:

(1)收集问题。领导全员听课,从课堂上发现问题,从教师和学生中收集问题,然后共同研究解决问题的方法。

(2)全员培训。学校利用周三例会,对各环节的操作进行精细化的指导,配合案例,让教师明确问题在哪里,解决问题的方法是什么。

(3)理论引领。这几年,在区教育局的带领下,学校加入联合国教科文组织中国可持续发展教育（ESD）项目。在项目专家的指导下，通过在可持续发展教育中创造优质教育的教学培训和实践，进一步强化了学校对可持续发展教育理念的深刻认识和深层思考。在原有的课改基础上，取其精华，去其糟粕，提出了"345"自主学习课堂教学模式 ——以讲学稿为载体的可持续学习方式的课堂改革方向。

（4）研究课推进。从2016年起学校要求一学期里每个学科上8~10节的研究课，由本学科教师集体备课，学校蹲点学科的行政把关，全体学科教师参与听课、评课，最后改课。

（5）示范推广。近三年，学校每年举行一次"345"自主学习课堂的教学研讨会。每届从各科的研究课中推选出好课，在全校进行示范引领，全体教师共享阶段性成果。

通过精细化研究与打造，我们的课堂更加鲜活高效，课堂各环节衔接自然，学生自主学习的能力更强了，有效提高了教师参与课改探究的广度和深度。

（二）自主学习课堂教学实行"转型升级"

"345"自主学习课堂顾名思义就是以讲学稿作为载体推进小组合作、师生合作，使教师的教与学生的学实现可持续发展，最终实现"学生成长、教师成名、学校成功"的共赢局面。"345"自主学习课堂强调突出学生的主体地位，采用可持续学习方式的实施培养学生的可持续学习能力。

中国可持续发展教育项目专家史根东教授对"可持续学习能力"做出了解释，认为可持续学习能力是后续学习和终身发展所需要的学习能力，主要包括以下五个方面：

（1）收集、分类、概括知识与相关信息的能力；

（2）准确、有条理的口头表达能力；

（3）对书本结论、他人观点提出自主分析与评价的能力；

（4）与他人合作探究与解决问题的能力；

（5）关注可持续发展实际问题并提出创新性解决方案的能力，等等。

讲学稿是集教案、学案、笔记、作业、测试和复习资料于一体的师生公用的教学研文本，是教学研合一的载体。学校在原有基础上进行转型升级，将可持续学习方式的学习探究作业本与讲学稿进行创新有效的融合。所谓有效融合即要求将预习探究作业（课前）、自主/合作探究作业（课中）、应用探究作业（课后）很好地融合在讲学稿中，把讲学稿的功能扩大化，转型升级为一份可持续学习方式的作业和配套的教案两者的结合体。在授课中以此为载体，通过"自主学习（预习探究）、小组合作（自主合作探究）、展示反馈（学习探究展示）、评价点拨（课堂总结、布置课后探究作业）"四大板块，将时间权、空间权、话语权、探究权、选择权和发展权还给学生，真正实现以学生为本的"学"的可持续发展的新课堂。

（三）抱团教研，集体备课是实施转型升级的关键点

要实行讲学稿的"转型升级"，实现"学案导引，合作共赢"——以讲学稿为载体的可持续学习方式的课堂改革，必须把握关键点：备课，即集体编写共案、个性化生成学案。

在讲学稿教学中，教师的备课主要是设计讲学稿。由于新教师往往对教材把握不透，知识积累有限；老教师则在信息技术的应用方面相对滞后，因此，要想设计一份高质量的学案，需要学科教师发挥集体智慧共同编写。

1. 编写的专注点

要牢牢抓住以学生的"最近发展区"的目标定向为基础，以学生的自学为主线，按照学生学习的全程来设计，要充分体现课前、课中、课后的发展和联系。对于讲学稿的编写，要求教师认真分析学生，抓住基础知识，注重提升学生可持续发展的学习能力。

2. 编写讲学稿的必经程序

备课组备课工作开学初由备课组组长分工。主备教师提前将下周的书面讲学稿上交到备课组组长处。备课组组长根据主备教师提供的讲学稿，组织全体备课组教师进行集体审稿，提出对讲学稿的修改意见。主备教师根据集体讨论结果，整理和修改讲学稿，定稿后交备课组组长审核签名，备课组组长交教务处印刷。科任教师拿到印刷的讲学稿后，根据本班学情和个人教学风格作个性补充，在讲学稿上进行二次备课。

七、推进实施的支撑条件

（一）师生角色的转换

教师与学生是教学活动中最基本也是最重要的两个要素。建构主义的学习理论告诉我们，学习不是教师简单地把知识传递给学生，而是学生根据自己的经验背景，对外部的知识信息进行主动的选择、加工和处理，建构知识的过程。因此，要构建起以学生自主学习为中心的学习模式，必须突破传统意义上的师生定位，重新认识和确立师生在学习中的地位和作用，这是我们构建自主学习模式的一个首要的基本条件。

第一，从教师的地位和作用来看，教师要从传统的传递知识的权威转变为学生学习的辅导者和合作者、引导者。教师应该为学生的学习开发和发现复杂的真实的问题，而且必须认识到复杂的问题有多种答案，激励学生对问题解决的多重观点，创造性地开展学习。教师必须创立一个良好的学习环境，保证学习活动和学习内容的平衡，为学习提供适合学生个体的认知工具，认知策略以及学习策略和能力，逐步减少对学生学习的外部控制，增强学生自我控制学习的能力和水平。

这就要求教师要用现代教育思想的理念来指导自身的教学工作，熟练掌握多种媒体教学的技能和技巧，全面掌握课程教学资源，使之成为学生自主学习的向导者、学习能力资源的引导者、学生学习信心的激发者；要求我们的教师要对学习的内容和目标进行精心的设计，使之满足学生个别化学习的需求，让学生在学习中不仅能掌握知识，而且能提高自主学习的能力，让学生学习完成对知识的自我建构。

第二，从学生的地位和作用来看，学生从传统的知识被动接受者转变为教学活动的积极参与者和知识的积极建构者，成为学习的中心和主体。因而学生需要采取一种新的学习风格、新的认知加工策略，形成自己是知识和理解的建构者的心理模式。要求学生主动去搜集和分析有关的信息资料，对所学的问题提出各种假设并努力验证它。要善于把当前学习内容尽量与自己已有的知识经验联系起来，并对这种联系加以认真思考。

这就要求学生要重视和及时调适自己的学习理念与学习策略，激发出自主学习的学习动机；要主动地调整好学习状态，使自己的学习情绪始终保持良好；注重自主学习的目标性、技巧性和成效性的培养，培养自主激励、自主引导、自主发现、自主控制、自主检查、自主评价的学习习惯；要不断提高自主学习的有效性，掌握科学、有效的学习方法和学习技能，掌握多种媒体学习工具的操作技能。

（二）完善的自主学习支持服务体系

自主学习离不开教学资源，离不开教师的支持服务，一旦缺失自主学习就无法保证其应有的成效，完善的自主学习支持服务体系是自主学习的基础。自主学习支持服务体系包括硬件和软件两个方面。在现代远程教育环境中，学生的自主学习离不开多种媒体教学资源及相应的设备和技术的支持，它需要依靠多种媒体教学资源信息传输设备及技术才能实现，多种媒体教学资源和传输设备及技术是自主学习不可或缺的条件。同时，学生的自主学习离不开学习动机激发、学习计划与学习进度指导、学习方法指导、学习资源利用指导、学习调控评价指导、个别化和社会化交互指导，这些也都是学生在自主学习过程中不可或缺的支持条件。

在自主学习支持服务体系的建构上，要把以学生为中心作为基准点，处处体现以学生为中心的指导思想；要利用现代化的教学设施和手段建设多渠道、多层次的学习支持服务快速通道；对学生的支持服务要实现功能化和模块化，做到方便、高效；要从制度上确保学习支持服务体系的有效运作，通过这个体系能使学生从个别化的无序学习纳入有序的教学管理中来，提高学生的自主学习能力和学习效率的提高。

（三）自主学习环境的创设

相对于传统教育而言，现代远程教育环境下自主学习对学习环境的要求不是降低了，而是有了更多、更新的要求。自主学习的兴起离不开信息技术的发展，不断发展的信息技术为自主学习提供了越来越大的自由空间。构建现代远程教育自主学习模式离不开学习环境的营造和创设。现代远程教育自主学习环境的创设要体现出三大功能：一是要营造充分的沟通、合作和支持的学习环境；二是学习环境要舒适、方便和自主，营造以人为本的氛围；三是要有丰富的信息和多样化的知识建构的工具。按照这一思想，现代远程教育自主学习的环境创设要体现出以下几个方面的指导思想。

第一，学习环境的创设要体现出整体性。无论是时空资源、人力资源的利用还是媒体资源的设计，都要充分考虑学生与学习环境在生理、心理上的协调平衡，只有统筹考虑各方面因素的有机配合、互为补充，才能产生合力效应。

第二，要体现出学生学习的主体性。要充分考虑学生学习的自主性、主动性和创造性，营造和谐的学习气氛，让学生能参与到教学工作中来，实现师生、学生之间多种形式的互动、交流和合作。

第三，要体现出学习支持的全面性。学习支持服务体系是自主学习的条件，学习环境的创设要让学生在这一环境中享受从"入门"到"出门"的全方位支持服务。

第四，要体现学习资源的整合性。现代远程教育的学习资源类型多样、形式各异、功能各异，不同的学习资源有不同的特征和功能，也有自身的优势和局限，因此学习环境的创设应注重学习资源的优化整合，通过调动学生多种感官的协调活动，促进学生自主学习效率的提高。

学校以讲学稿为载体的"345"自主学习课堂模式的实践，不仅有效地提高了学校教育教学成绩，改变了学校整体面貌，而且聚合了社区、家长和社会的育人资源和精神力量，形成学校持续发展的新动力。

八、"345"自主学习课堂的案例

第二课第二框加强宪法监督

班别：　　　　　学号：　　　　　姓名：

一、目标导引

目标	学什么	学习水平分层目标		
		三级	二级	一级
必备知识（知识与核心观点）	1.了解我国的宪法监督制度，懂得全面依法治国必须健全宪法实施和监督制度，不断加强宪法监督工作，维护宪法权威 2.懂得宪法与我们息息相关，掌握增强宪法意识的途径和方法	了解我国的宪法监督制度，懂得全面依法治国必须健全宪法实施和监督制度，全面掌握增强宪法意识的途径和方法	了解权力需要监督的重要性，掌握健全宪法监督制度的要求。理解宪法与我们每个人息息相关，应该增强宪法意识	了解加强宪法监督的原因和主要内容。知道宪法与每个人息息相关，应该主动学习、了解宪法，增强宪法意识
关键技能（理解分析、信息吸纳、实践运用）	1.学会依法行使监督权 2.积极参与、组织开展宪法宣传 3.用宪法精神来分析和解决学习和生活中的实际困难，自觉抵制各种妨害宪法实施，损害宪法尊严的行为	掌握宪法监督的途径、应注意的问题；提高参与政治生活的能力	积极行使监督权，主动学习宪法、认同宪法、践行宪法	主动学习宪法、认同宪法、践行宪法
综合运用（整理、迁移、创新）	1.懂得社会主义制度的优越感，培养国家认同感，培养爱国热情 2.培养法治思维，树立宪法情感养成，自觉恪守宪法原则，弘扬宪法精神，履行宪法使命	积极践行宪法精神，推动宪法实施，认识制度的优越性，增强制度自信，国家认同感	树立宪法至上的观念，积极推动宪法实施，做合格公民	认识到公民要增强宪法意识，树立宪法至上的观念

二、互动微课

（一）本课重点和难点

（1）本课重点：健全宪法监督制度；增强宪法意识的途径与方法。

（2）本课难点：健全宪法实施和监督制度的具体做法，宪法与每个人息息相关。

（二）学生质疑（以学生的视角、命题的视角提问）

（1）保障宪法实施就是要完善以宪法为核心的中国特色社会主义法律体系。

（2）不能正确理解宪法对监督权的规定，认为宪法监督是国家机关的事，与普通百姓没关系。

（三）名师释疑（教师逐一、规范、示范解题）

（1）保障宪法实施，必须完善以宪法为核心的中国特色社会主义法律体系；为了保证国家机关严格按照宪法和法律行使权力，还需要建立宪法监督制度，不断加强宪法监督工作；维护宪法尊严，促进宪法实施，还需要增强公民宪法意识。

（2）正确认识我国依宪治国，就要加强宪法的监督才能更好地行使国家权力。宪法与每个人息息相关，我们的一生都离不开宪法，所以我们得增强宪法意识，监督宪法的实施不仅是国家的事情，也需要咱们普通公民的积极参与，自觉践行、有力地推动。

（四）思维导图

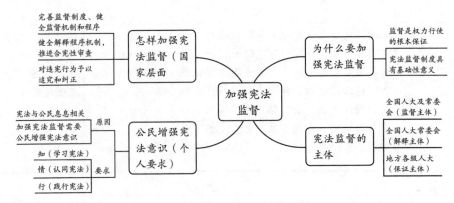

加强宪法监督思维导图

三、自评检测

1.课堂微测试（完成以下单项选择题）

（1）权力行使需要接受监督。在监督体系中具有基础性意义的是（　　）

A.法律监督制度　　　　　　　　B.宪法监督制度

C.刑法监督制度　　　　　　　　D.人大监督制度

答案解析：本题考查学生的基础知识掌握情况，加强宪法监督需要建立完备的公权力行使的制度体系，其中宪法监督制度是具有基础性意义，正确答案是B。

（2）宪法是治国安邦的总章程，我们必须严格加强宪法实施和监督工作。其中行使宪法实施和监督的主体是（　　）

A.最高人民法院　　　　　　　　B.各级人民代表大会

C.国家监察委员会　　　　　　　D.全国人大及其常委会

答案解析：本题考查学生对三个监督主体的掌握情况，全国人大及其常委会是监督主体，正确答案是D。

（3）宪法与我们每个人息息相关，我们的一生都离不开宪法的保护。这启示我们（　　）

① 时时刻刻背记宪法条文

② 增强宪法意识，学习宪法，了解宪法

③ 认同宪法，勇于同违反宪法的行为作斗争

④ 经常检视自己的行为是否符合宪法规范

A.①②③　　　　B.①③④　　　　C.①②④　　　　D.②③④

答案解析：宪法与每一位公民息息相关，宪法监督也离不开公民的参与，每一位公民应增强宪法意识，从知情行三方面去学习、认同、践行宪法。选项①与现实生活不符合。所以正确答案是D。

（4）（2019山东德州）2018年12月4日是第五个国家宪法日，本周也成为全国第一个"宪法宣传周"。这次宣传周活动的主题是"尊崇宪法、学习宪法、遵守宪法、维护宪法、运用宪法"。开展宪法宣传活动，有利于全体人民（　　）

A.加强宪法监督，维护宪法权威 B.明确宪法职责，保障宪法实施

C.遵守宪法规定，履行宪法职权 D.增强宪法意识，弘扬宪法精神

答案解析：问题提问的角度是全体人民，正确答案是D。其他三个选项都涉及国家机关以及国家机关的工作人员。

（5）（2019内蒙古巴彦淖尔）党的十九大报告强调，要推进合宪性审查和监督。合宪性审查和监督，即审查法律、法规等规范性法律文件的合宪性，使其与宪法不抵触；审查国家机关及其工作人员等的违宪行为，追究其违宪责任。这项工作是全国人大常委会的常规工作，合宪性审查和监督的目的是（ ）

① 维护宪法权威

② 确保执政为民

③ 保障公民权利

④ 捍卫司法公正

A.①② B.①③ C.②④ D.③④

答案解析：推进合宪性审查工作是因为宪法是根本大法，具有最高法律地位，它是其他法律的立法基础和立法依据，合宪性审查和监督的目的是；维护宪法权威、保障公民权利，①③是正确的选项；②④选项不是合宪性审查和监督的内容。正确答案是B。

（6）（2019湖南怀化）"宪法的生命在于实施，宪法的权威也在于实施。"作为青少年应该（ ）

① 努力学习宪法知识，领会宪法原则和精神

② 认同宪法，增强对宪法的信服和尊崇

③ 积极宣传宪法，维护宪法尊严

④ 自觉抵制各种妨碍宪法实施的行为

A.①②③④ B.②③④ C.①③④ D.①②④

答案解析：从青少年角度出发，增强宪法意识，从知—情—行出发，4个选项都符合题意。正确答案是A。

（7）公交车上有人发现钱包被偷后，失主要求对全体乘客进行搜查，小徽表示反对。这说明他在（　　）

A.学习宪法　　　B.认同宪法　　　C.违背宪法　　　D.践行宪法

答案解析：失主要求对全体乘客进行搜查，侵犯了乘客的人身权利，人身权利是宪法赋予公民的一项基本权利，小徽表示反对，说明她在用实际行动践行宪法，正确答案是D。

（8）（2019江苏扬州）某媒体围绕"您读过宪法吗"这个问题向公众开展了问卷调查。针对如图显示的统计结果，公民应当（　　）

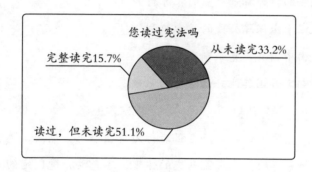

①增强宪法意识

②学习宪法知识

③坚持依宪施政

④参与宪法宣传

A.①②③　　　　　　　　　　B.①②④

C.①③④　　　　　　　　　　D.②③④

答案解析：图片反映大部分公众对宪法的了解不够全面，精神领会不深刻，不利于坚持依法治国的基本方略和加强宪法的监督，问题的提问对象是公民，因此正确答案是B，选择③不是公民个人的行为。

（9）（2019苏州）宪法的根基在于人民发自内心的拥护，宪法的伟力在于人民出自真诚的信仰。这句话主要体现了（　　）

A.学习宪法，着重领会宪法的精神和原则

B. 认同宪法，自觉接受宪法的指引和要求

C. 践行宪法，学会用宪法解决生活中的实际问题

D. 完善宪法，努力保障宪法的长期稳定性

答案解析：题干的关键词是发自内心地拥护和真诚的信仰，这是体现出内心的一种认同，所以正确答案是B，其他三项不符合题意。

（10）（2019四川绵阳）习近平总书记在第五个国家宪法日作出重要批示，要求弘扬宪法精神，树立宪法权威，使全体人民都成为社会主义法治的自觉遵守者和坚定捍卫者。这是因为（　　）

① 违背宪法的行为都是严重的犯罪行为

② 宪法从根本上保障公民的基本权利

③ 宪法是由中国共产党来制定完善的

④ 宪法是制定我国其他一切法律的基础

A.①②　　　　　B.①③　　　　　C.②④　　　　　D.③④

答案解析：选项①错误，严重犯罪行为是指触犯了刑法；选项③宪法是党领导人民制定和完善的，是人民意志的体现，不是共产党制定的。排除这两个错项，正确答案是C。

2.自我评析（通过课堂微测验，找出自己存在哪些基础知识漏洞；哪些知识掌握模糊；对生活常识、时事热点把握不足；没有审清题目的关键词等）

_____

_____

_____

四、变式迁移

阅读材料

宪法是国家的根本大法。我国现行宪法是新中国第四部宪法，于1982年12月4日由第五届全国人大五次会议正式通过并公布施行。此后，分别在1988年、1993年、2004年、2018年对现行宪法进行了修改。

习近平指出："宪法的生命在于实施，宪法的权威也在于实施。"为此在某班开展的"如何保障宪法实施"的探究活动中，小明同学说："保障宪法实施就是要完善以宪法为核心的中国特色社会主义法律体系。"

请你运用所学知识，对小明同学的观点加以评析。

学习迁移：（多种知识、观点运用可能的迁移）（弄清楚坚持依法治国，保障宪法实施，需要具备哪些条件，仅仅是形成中国特色社会主义理论足够吗？还需要哪些？从国家层面、公民个人层面可以有哪些作为？）

答案解析：以小明的观点是片面的。①宪法是国家法制统一的基础。全面依法治国，保障宪法实施，必须完善以宪法为核心的中国特色社会主义法律体系；②为了保证国家机关严格按照宪法和法律行使权力，还需要建立宪法监督制度，不断加强宪法监督工作；③维护宪法尊严，促进宪法实施，还需要增强公民宪法意识，为此我国建立了国家宪法日、宪法宣誓制度等。作为公民要学习宪法、认同宪法、践行宪法。

五、关键备忘

（一）考点备忘

1. 必备知识（掌握密码、易错提醒）

（1）权力行使为什么需要接受监督？（注意其中什么监督具有基础性意义）

① 权力行使需要监督。监督是权力正确行使的根本保证，不受监督的权力将导致腐败。

② 在监督公权力行使的制度体系中，宪法监督制度具有基础性意义。规范权力运行以保障公民权利的实现，这是宪法的核心价值追求。

（2）我国的宪法监督制度（注意三个主体的准确表述）

宪法规定，（监督主体）全国人大及其常委会行使监督宪法实施的职权，（解释主体）全国人大常委会有权解释宪法和法律。地方各级人大在本行政区域内负有保证宪法和法律实施的职责（保证主体）。

（3）如何完善我国的宪法监督制度（主要是国家层面的要求）

① 要完善全国人大及其常委会宪法监督制度，健全监督机制和程序，使其

更好担负起宪法监督职责。

② 要健全宪法解释程序机制，推进合宪性审查工作，加强备案审查制度和能力建设，加强对宪法实施情况的监督检查，维护宪法权威。

③ 对于各种违反宪法的行为，都必须予以追究和纠正。

（4）如何增强宪法意识（知、情、行）

① 学习宪法。要了解宪法产生发展历程，领会宪法原则精神，积极参与宪法宣传活动。

② 认同宪法。我们要理解并认同宪法的价值，自觉接受宪法的指引与要求，让宪法真正铭刻于心。

③ 践行宪法。在日常生活中，我们要严格遵守宪法和法律，学会运用宪法精神来分析和解决学习与生活中的实际问题，自觉抵制损害宪法尊严的行为。

2. 关键技能（掌握密码、易错提醒）

（1）实施宪法宣誓制度、设立国家宪法日有什么重要意义（用"有利于"开头思考）

① 有利于捍卫宪法作为国家根本法的地位。

② 有利于增强国家公职人员履行责任的使命感和责任感。

③ 有利于维护宪法权威、捍卫宪法尊严、保证宪法实施。

④ 可以塑造公众的宪法信仰、法治信仰，在全社会烘托尊重宪法、宪法至上的氛围。

⑤ 有利于进一步推动法治中国建设，落实依法治国的基本方略。

（2）实行宪法宣誓制度的决定，体现了教材中哪些观点

① 宪法是国家的根本法，是治国安邦的总章程。

② 宪法是一切组织和个人的根本活动准则。

③ 宪法具有最高的法律效力。

④ 宪法是公民权利的保障书。

⑤ 宪法是我国法制统一的基础，是中国特色社会主义法律体系的核心。

（3）为维护宪法的尊严与权威，请你提出合理化建议（注意从国家、社会、个人层面展开叙述）

① 进一步健全宪法实施的监督机制和程序，把全面贯彻宪法实施提高到一个新水平。

② 加大对公职人员的宪法教育，增强其宪法意识，以宪法为根本活动准则。

③ 一切违反宪法和法律的行为都必须依法追究。

④ 宣传宪法，增强公民的宪法意识，使公民自觉遵法守法。

3. 综合运用（掌握关键知识点、易错提醒）

作为法治社会的一员，我们青少年应该怎样提高自己的法律意识和法治素养（注意整合已有知识）？

① 树立法治观念和宪法观念，学法、知法、守法、护法；

② 积极宣传宪法和法律知识，弘扬宪法精神和法治精神；

③ 依法行使权利，自觉履行义务；

④ 维护宪法和法律权威，积极同违法犯罪行为作斗争；

⑤ 用法维护自己合法权益，依法规范自己的行为。

参考文献：

［1］李春立，张方成，李晓旭.思想道德修养与法律基础多课型教学模式设计［M］.北京：中国农业出版社，2013.

［2］毛维国，任凤琴.思想道德修养与法律基础"慕课N+4+3"教学模式导读［M］.北京：人民日报出版社，2018.

［3］李春莉.大学生思想道德修养与法律基础课翻转课堂的建设探讨［J］.新课程研究（中旬刊），2017（3）：9-11.

［4］韦平.《思想道德修养与法律基础》课程实践教学［J］.文学教育（下），2017（5）：166-167.

［5］刘寿堂.道德教育与法制教育融合的专题式教学探讨［J］.黑龙江高教研究，2014（11）：146-148.

［6］陈君，李壮."思想道德修养与法律基础"课主题实践教学模式的探索［J］.学校党建与思想教育，2015（11）：56-57.

［7］诸凤娟.思想政治理论课教学两个环节的融合——以"思想道德修养与法律基础"课为例［J］.绍兴文理学院学报（教育版），2015，35（1）：2-4.

［8］张引，魏晓玲.加强"思想道德修养与法律基础"课实践教学实效性的路径［J］.教育与职业，2014（14）：160-161.

［9］方凤玲.《思想道德修养与法律基础》课多媒体教学设计的探索［J］.西安航空学院学报，2014，32（4）：78-81.

［10］陈艳梅."思想道德修养与法律基础"课程实践教学模式创新研究［J］.教育教学论坛，2016（26）：147-148.

［11］刘志山，李燕燕."思想道德修养与法律基础"课三位一体教学模式的探索［J］.思想教育研究，2016（9）：70-73.

［12］徐礼堂."思想道德修养与法律基础"课程"双模块化"实践教学模式探究［J］.河北农业大学学报（农林教育版），2017，19（5）：93-98.

［13］卫绪华."三三制"教学模式下"思想道德修养与法律基础"绪论课的教学设计［J］.大学教育，2017（12）：87-90.

［14］侯炜，韩艳阳，吴可嘉.《思想道德修养与法律基础》实践教学的实效性探索［J］.高等财经教育研究，2018，21（2）72-76.

［15］霍廷菊.提高《思想道德修养与法律基础》课实效性的探索［J］.广东青年职业学院学报，2018，32（2）：67-70.

［16］赵娜，邓春红."理实一体"教学模式在《思想道德修养与法律基础》课程教学中的建构与实践［J］.当代教育实践与教学研究，2018（6）：160-162.

［17］任静.思想道德修养与法律基础课教学有效性探析［J］.文学教育（下），2018（9）：112.

［18］秦志凯.《思想道德修养与法律基础》教学模式改革与实践［J］. 知识经济，2017（3）：165-166.

［19］姚郁卉.思想道德教育与法治教育内容有机融合的新探索［J］.北京教育（德育），2017（1）：32-36.

［20］史根东.可持续发展教育基础教程［M］.北京：教育科学出版社，2009.

［21］陈康金.我与讲学稿［M］.上海：文汇出版社，2009.

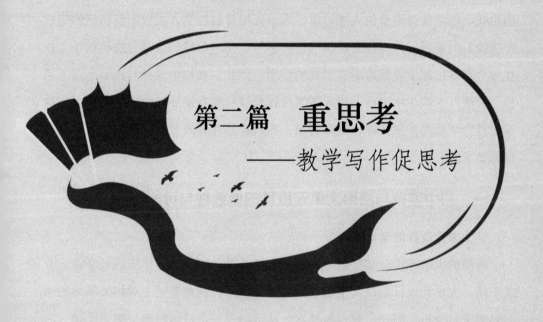

第二篇　重思考
——教学写作促思考

基于大单元设计的初中道德与法治教学探析

由于时代的飞速发展，仅靠过去传统的教学设计培养人才的方式已经无法满足我国经济社会进步的人才需求，大单元设计的教学方式以不容拒绝的姿态走进我们的视野。作为德育教学的重要部分，初中阶段的道德与法治教学工作在整个德育过程中发挥着不容忽视的作用。因此，在初中道德与法治（以下简称"道法"）教学中进行大单元教学设计是顺应教育发展趋势的正确选择，这不仅符合学生的发展规律、认知特点，而且也是符合教育发展规律、人才培养目标要求的。

一、初中道德与法治大单元设计的必要性与可能性

1. 大单元设计的含义

所谓的大单元设计其实是一种新型的教学设计形式，与传统的教学设计方式不同，大单元设计是以大主题、大任务为中心，在此基础上对相关领域的学习内容进行分析、筛选、整合与开发，从而形成一个目标明确、情景生动、内容关联、活动丰富、评价准确的科学化的教学设计。

从特点来看，大单元设计具有整体性、情境性、活动性、科学性等特点；从结构来看，大单元设计包括单元主题、单元目标、单元情景、单元活动、单元评价等要素；从作用来看，大单元设计更有利于培养学生的核心素养，提升学生认识世界的整体性。

2. 初中道法实施大单元设计的必要性

初中阶段的道德与法治教学在我国整个基础教育阶段的德育工作中具有承上启下的重要作用，既是对小学阶段德育工作的延伸、也是对高中阶段德育工作的启蒙。因此，在初中阶段对道德与法治实施大单元教学设计可以加快培养学生的德育素养、提升学生的道德品质、塑造学生的道德行为，对于整个人生阶段的德育教育具有积极意义。

3. 初中道德与法治实施大单元设计的可能性

初中道德与法治教学实施大单元设计不仅具有重要性，而且具备实施的可能性。首先，作为德育课程，初中阶段的道德与法治教学内容是紧紧围绕着社会主义核心价值观而设计的，因而所有教学内容都可归于其中一个板块；最后，初中道法课程的内容联系紧密，同一内容可能出现在不同单元，这也为实施大单元设计提供了可能。

二、初中道德与法治实施大单元设计的结构要素

1. 明确单元主题与内容

大单元设计要求教学以某个主题为核心，选择、组织该领域内的有关内容，形成完整、科学的单元，师生双方以该单元为基础开展相关领域知识的学习。因此，要实施大单元教学应该先确定单元的核心主题，在此基础上由近及远地选取与单元核心主题相关的内容，对其进行组织、加工。

例如，在"维护国家利益"的单元设计中，整个单元紧紧围绕"国家利益"这个核心，首先设计了"国家利益至上""树立总体国家安全观""建设美好祖国"等与核心主题关联最为密切的三方面内容，从国家利益的重要性到我国国家利益的实际内涵，再到如何维护国家利益，实际上遵循了"为什么、是什么、怎么做"的逻辑顺序。其次，在各个最为密切的内容之下又进一步做了发散辐射，如在"建设美好祖国"标题下又选择了"关心国家发展""天下兴亡，匹夫有责"等内容，丰富了整个单元设计的内涵，使单元设计对国家利益这个问题的完整性有了一定的保障。

2. 设定单元教学目标

教学目标是教学活动的出发点也是落脚点，教师的教学活动离不开教学目标，学生的学习活动同样离不开教学目标。对于教学活动来说目标不仅具有导向作用、激励作用，也具有评价功能，因此实施大单元设计必须要在教学活动开始前设定合理、科学的教学目标。

首先，大单元设计的教学目标要有层次之分。例如在学习"坚持宪法至上"这个单元时，应先确定宏观教学目标即"使学生树立遵守宪法、维护宪法的意识"，而在其中"维护宪法权威"板块的学习中，教学目标则应进一步分化为"了解宪法权威及其地位"。其次，大单元设计的教学目标应包含认知、情感、行为等多个方面。例如，在"理解权利义务"的单元学习中，教学目标的设定不应该仅仅是让学生了解公民的权利与义务，而应是使他们在认知的基础上树立对公民权利义务的敬畏，在生活中履行自己的权利、行使自己的义务。

3. 设计单元教学活动

教学活动是教学的主要承载形式，为了实现教学目标、达到促进学生道德与法治知识、素质的增长必须要设计合理、科学、多样化的教学活动。大单元设计内容的丰富性、知识的整合性要求我们在设计道法教学活动时不能局限于传统思维的影响，要充分实现教学活动的多样性。既要保证一定量的课内活动，也要有课外活动的存在；既要有思维活动，也要进行一些实践活动，要根据知识的性质不同安排合理的教学活动。

例如，在学习"勇于承担社会责任"单元内容时，在第一课时"责任与角色同在"的学习过程中可通过课堂思维活动、课内活动等方式进行，讲明道理、疏通情感；而在第二课时"积极奉献社会"的学习中则可根据实际情况开展相应的课外活动、实践活动，比如义务植树、做志愿讲解员、清除城市小广告等，在实践活动中体会奉献社会的真正含义。

4. 实施单元教学评价

教学评价是指在一定教育理念的指导下，依据一定的评价方式与方法，对单元教育教学的过程与结果进行价值判断的过程。教学评价包括对于教师教学工作、学生学习活动、教育内容、教学方法、教学环境等多方面因素的评价，在这里我们着重讨论对于学生学习活动的评价。

对于初中道德与法治教学过程中的教学评价活动应坚持以下几项原则：首先，应坚持以学生为主体的评价方式，让学生在自我评价、同学互评中更好地理解道德与法律知识、促进学生遵守法律知识、践行道德理念；其次，应坚持发挥评价的教育功能，在道法教学评价时发挥其导向、激励等功能，促使学生做出积极主动的学习行为；最后，应坚持量化评价与质性评价相结合，在进行初中道法教学评价时，不应仅仅依靠卷面分数等量化评价的单一方式来判断教育教学质量，而应结合学生的实践行为进行相关质性评价。例如，在学习"遵守社会规则"内容时，依靠试卷的完成情况仅仅能了解学生是否掌握并记住了相关社会规则知识，因而必须结合学生实际行为表现进行评价，如可开展"校园文明小能手"评比活动，对在文明礼貌方面对日常表现优异的同学进行表扬奖励、以此来鼓励学生参与道法课程实践。

三、初中道德与法治大单元设计的实施建议

1. 坚持大而有"魂"

大单元设计下的初中道德与法治教学活动要坚持"大而有魂"的原则。由于对于大单元设计的理解偏差，部分教学设计存在片面追求"大"，而忽略单元设计的"魂"，这必然会导致单元设计内容过于凌乱、琐碎，而不利于开展教学活动。例如，在对"网络空间新生活"一课进行教学设计时，教材主要侧重点在于"现代网络给生活带来的改变和我们应如何合理利用网络"，这与主题"网络生活"是密切相关的，但若用较大的篇幅来论述网络的发展史或我们的生活史就偏离了核心主题，使得单元设计辐射范围过于广泛，影响核心内容的学习。

2. 坚持以学科为导向

大单元设计的初中道德与法治教学应坚持以学科为导向，避免过度追求大单元设计的整合、丰富等特点而造成学科逻辑的混乱。作为德育学科，道德

与法治课程是具有自身的学科内在逻辑性的，在进行单元设计是必须遵循其内在逻辑，从而更好地实现教学目标。道法课程的学习主要遵循"是什么、为什么、怎么做"这样一个逻辑，这三个步骤可以完成对某个单元话题的含义、重要性及行动要求的讲解。例如，在"崇尚法制精神"的单元设计中，第一课时"尊重自由平等"主要解决了含义讲解的问题，第二课时则通过"公平正义的价值"与"公平正义的守护"解决了重要性与行动要求的疑问，从而使得围绕法治精神的三大问题得以解决。

3. 坚持以学生发展为目标

教育教学的最终目的是要诉诸学生的发展，评价教育教学效果的最好标准也是学生的发展，因此，在初中道德与法治的教育教学大单元设计中也应以学生的发展为目标导向。学生的发展不仅包括生理发展与心理发展，也包括学生的知识技能发展与行为习惯发展，初中道法教学应促进学生的理论与实践的共同发展，培养言行一致、知行合一的人才。例如，在对学生进行"理解权利义务"的教学中，除了通过课堂讲解公民的权利与义务概念、具体内容、重要性等理论知识外，还可以通过多媒体网络向学生展示具体案例，在分析真实问题的基础上加深对于权利义务的理解，同时还可以通过模拟有关权利行使、义务履行的事件培养、锻炼学生的权利义务实践能力，从而使学生在获得权利义务理论知识的同时其实践能力也得到提升。

四、结束语

作为五育的重要组成部分，德育承担着学生的思想、品德、政治、法律、心理教育的重要任务，初中阶段的道德与法治教学对于初中生的道德品质与法律常识的提升具有积极意义。而大单元教学设计是以核心主题为中心，为实现特定的道德与法治领域的教学目标，而综合筛选有关内容、设计相关教学活动来促进学生发展的教学设计方式。因此，在初中道法教学中实施大单元设计是实现初中德育教学质量提升、初中学生德育素养增强的重要方式。在基于大单元设计的初中道德与法治教学工作的实施过程中要围绕单元核心开展组织教学，要坚持学科导向原则，更要坚持以学生的发展为目的，从而更好地提升初中道法课程质量，更好促进学生发展。

参考文献：

［1］张龙.浅谈新形势下初中道德与法制课教学［C］//2020年"提升课堂教学有效性的途径研究"研讨会论文集.［出版者不详］，2020：291-292.

［2］段喜凤.巧用思维导图助力初中道德与法治课堂教学［J］.家长，2020（7）：108-110.

［3］舒黎卉.《道德与法治》课新旧教材中法治意识教育的对比研究［D］.武汉：华中师范大学，2020.

［4］武运花.基于有效视角下初中《道德与法制》教学探讨［C］//2021年教育教学创新研究高峰论坛论文集.［出版者不详］，2021：298-299.

浅探初中思想品德教学中的导课艺术

——初中思想品德教学有效备课之备新课导入

一、 初中思想品德教学中备新课导入的重要意义

新课导入通常称为"导言""课始""开讲""开场白"等，是课堂教学的首要环节。教育心理学认为，在几十分钟的授课中，开头的10分钟效果是最佳的，正如一篇好的文章往往从开头就引人入胜，一部好的电影都有一个激动人心的序幕，我们就会目不离屏一样。因此在进行思想品德课有效备课的研究中新课导入艺术的研究尤为重要。

初中阶段的学生有着与小学、高中学生不同的心理特质，具有较强的好奇心。他们对每一门新学科、新课题，都怀有一种新鲜感。这些都是新课导入的有利条件和良好基础。但初中学生的这种期待心理是稍纵即逝的，所以要提高初中生学习思想品德的兴趣，必须备好"新课导入"这一首要环节，点燃学生期待的火苗，打响"头炮"。为上课提供良好的氛围和心理条件，让学生愉快地进入思想品德的课堂，愉快地接受新知，愉快地完成学习任务。

二、初中思想政治教学中新课导入的原则

高尔基在谈创作经验时曾说："最难的是开始，就是第一句话。如同在音乐上一样，全曲的音调，都是它给予的。"新课导入要富有艺术，要吸引学生

不是一件容易的事情。通过这一年"初中思想品德教学有效备课"的研究，对于备新课导入这一环节，本人认为要注意遵循以下三项原则。

1. 启发式教学

新课标要求在教学过程中必须启发学生思维。因此新课导入的设计也必须贯彻启发式教学的原则。要使学生迅速捕捉到思维目标，进入对课本知识的探求，尤其是对教学重点、难点的探求。

2. 新颖性

思想品德课教学，尤其是初三的内容（时政结合），必须紧跟时代步伐，将社会生活中出现的新事物、新问题引入教学。这样常教常新，才能给学生以新鲜感。另外，新课导入的方法可以是多种多样的，叙述、描绘、议论、设疑、图影等均可用之。如果每堂课的导入均为"同学们，今天我们来学习第×课"，势必淡而无味、平而无奇，从而就会引起学生的厌倦感。笔者认为导入语没有固定模式。不同的内容、不同的特点、不同的年龄和不同的年级，选用的方式也不尽相同，只要能吸引学生注意力和激发学生学习兴趣，提高课堂教学效果就行了。

3. 简洁精练

新课导入不是教学过程的主体环节，不允许占用过多的时间。大概5分钟到10分钟，不能超过10分钟，因此教师要用最简洁的语言来表达。导入设计要抓住中心，虽然语言精练但中心明确，要使学生明确其中的主要信息及教师提出的具体要求，以此为线索展开学习。

总之，一节课的开课导入语能否做到新奇、有趣、吸引学生，要求老师做好充足地准备。思想品德教师应广泛搜集各种与本节课知识有关的资料和信息，应该吃透教材，充分掌握教材的内容特点，结合所教学生的初中的年龄特点、年级特点、学习基础以及接受知识的能力，精心设计开课导入语。

三、初中思想政治教学中新课导入的方法

众所周知，好的开始是成功的一半。新课导入的方法多多种多样，尤其

是思想品德课，可以借用最新的热点新闻切入、可以借助视频、歌曲、动漫，可以用叙述的方式，可以同学生提问的方式等。正所谓"教无定法，贵在得法"。下面本人以初中思想品德教学为例，介绍几种比较常用和比较巧妙的方法。

1. 歌曲开头法：借助音乐作品导入

初中学生的情绪比较容易调动，使用生动形象、富有感染力的音乐作品，能激起学生的求知欲望，使学生思维处于兴奋状态。如笔者在讲九年级第一单元"党在社会主义初级阶段的基本路线"之前，先播放歌曲《春天的故事》。并有针对性地设置了问题："歌曲中展示了哪些年份？这些年份发生什么事情？"学生带着问题聆听歌曲，找出答案"1978年改革开放"，随着歌曲的结束，学生的情感被激发起来了，也从歌词中了解到改革开放带来了春天的故事。借此导入新课，学生会聚精会神地听课，效果良好。

又如，在讲述七年级"直面挫折"一课时，笔者利用了《真心英雄》这首励志歌曲结合抗击非典的视频导入，很快就调动起学生的情绪，顺利地引入新课。在讲授"自立自强"一课时，笔者播放了学生喜爱的残运会主题曲的MV《everyone is No.1》作为导入歌曲；在讲授"我和父母"一课时，笔者用了《听妈妈的话》让学生一起唱，鼓动学生情感，并让学生谈感受，收到了很好效果。

2. 视频资料导入法

利用网络上的热点生活短片、动漫短片、新闻短片等视频资料导入新课，是一种行之有效地吸引学生注意力的方法。在思想品德的教学中，笔者经常采用这一方法，总能获得意想不到的效果。如在讲授九年级3.2"抓住机遇 迎接挑战"这一课时，笔者在网上找到了《在国际金融危机下，中国面临的机遇与挑战》视频短片，短片中讲述了自2008年以来全球金融海啸引发经济危机，中国经济发展形势受挫和放缓，房地产市场持续萧条，加上雪灾、地震等不利因素影响，中国陶瓷业的发展面临前所未有的压力和挑战；面对恶劣的国际和国内经济形势，以及巨大的市场竞争压力和经营压力，中国陶瓷业的发展，要统一思想，应对挑战，果断行动，实现我国陶瓷业做强做大的战略目标。由于佛山是陶瓷大都，这段视频既能反映本节课的重点内容，又贴近学生的生活，所以这段视频的导入激起了学生的学习兴趣，从而进一步挖掘他们自主探究知识的好奇心和解决问题的能力，符合新课程改革的精神。

3. 利用疑问设置悬念导入

初中学生有强烈的好奇心，提出疑问、设置悬念导入新课，可以激发学生强烈的求知欲。例如笔者在讲七年级《特殊保护》"什么是法律"这课时，我首先问学生："捡到别人丢失的钱财违法吗？"学生很难回答，这时笔者再问"如何衡量他是否违法？"学生回答："法律。"于是笔者顺势导入"法律是什么？有什么特征？"通过这样导入，既充分抓住了学生的好奇心，吸引了他们的注意力，又增强了学生的求知欲，调动了学生的参与意识。

4. 创设情景导入法

初中学生的年龄特点，决定了他们具有活跃大胆的思维和较强的表现欲。因此，为学生创设各种情境，可以活跃课堂气氛，使学生成为这一舞台的真正"主角"。

例如，在学习七年级上册"掌握科学学习方法"时，笔者课前准备了4个纸杯、一些绿豆、一把吸管。上课举行"夹豆子"比赛，全班分成8个小组，4个小组为一轮，要求在1分钟时间内，用两根吸管把豆子从杯子夹到桌子上，看谁夹得最多。比赛结束后让比赛的同学谈谈夹得多和夹得少的原因是什么。教师点拨，其实学习方法也是一样，只有具备选择和探索方法的人，才是懂得学习方法要诀的人，才能取得最佳的学习效果。然后笔者设问：科学的学习方法是什么？有什么策略？这节课我们一起来探讨这些问题。这样，学生就有了很大的兴趣。

总之，导入时不能图热闹、讲形式，不能把与教学目的无关的硬加上去，使导入游离于教学内容之外。那些与教学目的无关、非教学所必需的、无助于提高教学效果的导语，即使再精彩、再有趣，也要忍痛割爱。教学中运用恰当的导课艺术，这是优化课堂教学，提高教学质量的重要方面，不可低估，不容忽视。教师要认真学习、研究，努力提高自己导课艺术，从而达到教学效果的最优化。

参考文献：

［1］南京师范大学教育系.教育学［M］.北京：人民教育出版社，1984.

［2］张德伟，何晓芳.新课程与教学改革［M］.北京：北京出版社，2003.

浅谈国家认同教育在道德与法治
学科教学的渗透

国家认同是一国公民对所属国家的积极的认知、评价和情感，是公民确认自己归属于国家的心理活动。国家认同是公民对国家忠诚的前提，也是推动国家持续发展的国民心理基础。习近平总书记在第十二届全国人民代表大会第一次会议的讲话中指出："实现伟大的中国梦想，必须不断增强全体中华儿女认同伟大祖国、认同伟大的中华民族，认同伟大的中华文化、认同伟大的中国共产党、认同社会主义道路。"道德与法治课程作为显性德育课程，应贯彻落实社会主义核心价值观，凸显以人为本的教学理念，帮助学生树立科学的人生观、世界观和价值观，增强学生的社会责任感。本文从初中生认识特点、能力特点和情感价值观方面出发，阐述如何在道德与法治课程中渗透对学生国家认同的教育。

一、重视教材知识与实际的结合，建构国家观念，培养国家归属感

加强爱国主义、集体主义、社会主义教育，引导我国人民树立和坚持正确的历史观、民族观、国家观、文化观，增强做中国人的骨气和底气。

——摘自习近平总书记中共中央政治局第十二次集体学习重要讲话

作为中国公民，首先必须认同自己是中国人，进而才能形成归属感，才

可能热爱它，并将个人前途与国家命运相结合。对初中生来说，他们都明白自己是生活在中国，是中华民族中的一员，但受到历史、家庭、学习、同伴、媒体等因素的影响，他们的内心认同感趋于复杂，这直接影响了他们的心理归属感。在道德与法治课程中必须进行国家意识的教育，激发学生的责任心和义务感，树立正确的国家观。

如在学习"国籍"和"公民"的相关内容时，利用影视资料进行拓展，通过观看中国近年来的几次大规模撤侨行动，用真实的事例让学生明白，不管身在何方，祖国都时刻关注着我们，即使在千里之外的异国他乡，只要有困难，祖国也能给予及时地救援。这不仅是国家的力量，也是中华民族的凝聚力。国家的强盛、国家的实力和在国际社会上的地位，能够最直接地触及学生对国家的情感，激发学生的国家情怀，增强对国家、民族的凝聚力和向心力，从而与国家建立荣辱与共的良性关系，自觉树立国家意识，爱我中华，从内心认同：我生活在中国，我是中华民族的一员，我热爱中国，我以当一名中国人为荣。

二、注重挖掘社会资源，升华爱国主义情感，培养学生的国家意识

每个人总有自己的国家和民族，国家意识是一个国家的国民在长期共同的生活、生产、斗争中形成的对国家的认知、认同等情感与心理的总和，是国家统一、民族团结、社会发展的源泉。青少年接受什么样的教育，读什么、学什么，这不仅关乎其成长，而且是决定他长大后走什么路、做什么人的大是大非问题，从某种意义上说，这关系到国家、民族的未来和希望。

在道德与法治课程授课中，教师要把国家意识培养纳入教学目标中，通过课堂教学渗透民族团结、国家统一、热爱祖国的教育。当然，这些概念内容都是比较抽象、乏味的，如果单从理论角度，往往无法引发学生共鸣，无法达到教育目的和效果，所以在教学中要多采用直观、形象、具体的贴近学生生活的事迹、材料。

如在讲授八年级上册第五课"法不可违"这一框题关于"法律是最刚性

的社会规则，不违法是人们行为的底线"知识点时，我们可以借用了2017年抖音网红"法莉哥"在直播中公然篡改国歌曲谱，以嬉皮笑脸的方式表现国歌内容，并将国歌作为自己所谓"网络音乐会"的"开幕曲"，最后被上海静安分局依据《国旗法》行政拘留处罚的例子作为案例材料让学生分析。这样既可落实"任何违法行为必须追究法律责任"的课本知识，也可通过案例分析引入国旗、国歌、国徽知识的普及，这是对学生进行国家意识的培养，让学生明确认识国旗、国徽、国歌体现国家的尊严，每一位公民只要看到五星红旗，听到国歌都应当唤起对祖国的自豪感和荣誉感，要像爱护生命一样爱护五星红旗，自觉地当一名护旗手。这样，课堂教学中逐步将国家意识植根于学生的心灵，潜移默化地培养学生对国家的忠诚，焕发学生"我与祖国共成长"的坚定志向。

三、善于运用时政资源，引导坚定信念，提高学生的政治认同

政治认同是指人们对一定社会制度和社会意识形态的认可与赞同。具体到新时代的中国，就是坚持和认同以中国共产党领导为本质特征的中国特色社会主义。在初中道德与法治课程的教学过程中，要培养学生的政治认同，就是让学生真正认可和赞同中国特色社会主义制度、中国特色社会主义道路和中国特色社会主义理论体系和社会主义核心价值观，为实现共同理想、实现中华民族的伟大复兴而不懈努力。初中学生的政治意识相对薄弱，政治的认知能力不强，政治认同感也普遍不高，所以在初中道德与法治课程中必须注重培养学生坚定的信念，引导学生明辨是非，站稳立场，提高政治认识能力，为学生成年后的政治认同奠定基础。

如在八年级第三单元"人民当家作主"一课中，引用图片材料：2018年4月9日，叙利亚大使在联合国大会上竭尽全力为叙利亚申辩该国未藏有大量的杀伤性武器，也没能阻止以美国为首的多国部队炮火的侵袭，而后落寞垂泪。同时展示我国历史图片：1919年中国以战胜国的名义参加巴黎和会，当时中国代表顾维钧据理力争收回山东，但以日本为首的列强拒不理会，把和会变成分

赃会。通过时政材料与历史的对比，让学生明白"弱国无外交"，世界还是那个落后就要挨打的世界，幸好，中国早已不是那个落后的中国！这个幸好就是1921年中国共产党应运而生。它带领着全国各族人民完成了新民主主义革命、社会主义革命、进行改革开放新的伟大革命；中华民族迎来了从站起来、富起来到强起来的伟大飞跃！通过时政与历史的对比，让学生明白：历史和中国人民选择了共产党，中国走上社会主义道路也是我国历史发展的必然，也是我国各族人民的共同选择。

又如在九年级第一单元"富强与创新"一课中，我们可以借用改革开放40多年成就的有关数据和视频，以及开展"改革开放前后我们的生活变化"探究分享活动，让同学们更真切地感受到中国特色社会主义制度的优越性，增强对社会主义的政治认同，从心底认可国家的兴衰与个人紧密相关，坚定理想信念，把自己的小梦想融入祖国的大梦想中，为实现中华民族伟大复兴的中国梦做出自己的贡献。这些恰恰是增强国家认同的基础。

四、注重发挥情景的教化作用，在理解、体验、参与中增进文化认同

"文明特别是思想文化是一个国家、一个民族的灵魂。无论哪一个国家、哪一个民族，如果不珍惜自己的思想文化，丢掉了思想文化这个灵魂，这个国家、这个民族是立不起来的。"

—— 2014年9月24日，习近平总书记在出席纪念孔子诞辰2565周年国际学术研讨会时重要讲话

文化认同是对本民族文化的感同身受，是一种心理归属、价值认可，是民族认同、国家认同最牢固的感情纽带，是凝聚力的最深层基础，是价值观的最核心构造，是内在的原始的目标驱动力，是文化自信的根基所在。随着改革开放的推进和国家间交往的发展，外来文化、流行文化、网络文化丰富了青少年的生活，开发了其思维，但也诱发很多问题，导致文化认同危机。为此习近平总书记在多个场合指出："抛弃传统、丢掉根本，就等于割断了自己的精神命脉。"

初中生处于从幼稚走向成熟的重要时期，具有极大的可塑性，因此，"道德与法治"学科教师必须了解新时代文化认同教育的规律和特点，立足中国传统文化，凸显时代特征，开展对学生的文化认同教育，增强青少年文化认同的内在动力，从而帮助其实现对中国特色社会主义文化的认同。教学中注重创设情境，让学生亲身经历和体验，加深对民族屈辱与悲壮、国家的自主与兴旺、社会繁荣与进步的感知。

"一个有希望的民族不能没有英雄，一个有前途的国家不能没有先锋。"

——2015年9月2日，习近平在颁发"中国人民抗日战争胜利70周年"纪念章仪式上的讲话

如在学习民族精神时，可以组织学生参观本土民族英雄罗登贤的纪念馆，以穿越沧桑历史的图片、实物，让学生走近英雄、缅怀英雄的丰功伟绩，感受英雄的气节操守、忠诚爱国的精神力量。通过实地参观让学生在体验中从内心形成文化认同、坚定文化自信。

五、重视课外延伸和社会参与，在实践中培养亲社会的责任感

青少年的国家认同的教育培养不能仅仅停留在响亮的口号上，必须与个体的实践行动结合起来，在实践中逐步加深国家认同感。道法课程应注重课外拓展，学以致用，在行动参与中培植青少年的爱国心。鼓励学生通过所学的知识，积极参与社区公益活动，培养为人民服务的美德和爱国爱民的情怀，自觉履行义务的社会责任感，使青少年在实践中树立民族的自信心和自豪感，坚定维护国家利益的决心。

六、结束语

国民对国家的认同是国家屹立于世界民族之林的重要基础，国家认同的教育是十分严肃的事情。在初中道法课程教学中，培养学生的国家认同关系到国家和民族的未来发展，青少年阶段是人生的"拔节孕穗期"，最需要精心引导和栽培。因此，作为初中道法课程的一线教师，我们应更新观念、创新方法，

善于抓住契机，多渠道、全方位地把各种具有时代气息和教育意义的内容融进教学中，充分激发学生的爱国热情，培养学生的国家认同，为实现中华民族的伟大复兴不懈努力。

参考文献：

［1］翟成暌，陈舒音.儿童青少年的国家认同感的心理分析［J］.消费刊，2007（8）.

［2］佐斌.论儿童国家认同感的形成［J］.教育心理与实验，2000（2）.

［3］谢东宝.新加坡青少年国家认同感教育及其启示［J］.教育研究与评论中学教育教学，2009（1）.

［4］张慧红.以国家认同感为例的初中思想品德课学生核心素养培养探究［J］.课程教育研究，2017（43）.

［5］戴平安.论国家意识的作用及其培养［J］.武汉科技学院学报，2014（17）.

优化初中道德与法治教学，培养
学生政治认同

　　政治认同是指人们对一定社会制度和意识形态的认可与赞同。初中学生是祖国的花朵，坚持正确价值观念的引导是道德与法治课程的基本原则。在初中道德与法治教学中培养学生的政治认同素养可以彰显课程的育人价值，能够把传统的知识教学上升到育人高度，有助于学生素质与能力的提升。因此，初中道德与法治教师要运用多样化的教学策略，培养学生的政治认同。

一、关注时政热点，培养学生的政治认同

　　时政热点信息具有重要的助学价值，其能够促使课堂教学向着开放化、社会化、生活化以及多元化的方向发展，能够促使在了解时政热点的同时增强政治认同度。由于时政热点是不断发展变化的，所以教材中并没有呈现过多的时政热点。因此，教师要将实际生活中的时政热点融于具体的课堂教学活动中。

　　例如"正视发展挑战"，这节课主要是引导学生理解与识记我国人口特点、人口问题，重点识记我国资源问题与环境问题，并建立生态文明理念。生态文明是现代社会建设的重中之重，学生从幼儿园或者小学时期就会受到生态平衡理念的熏陶。习近平担任党的总书记和国家主席以来，十分重视生态文明建设。习近平于3月31日在杭州西溪国家湿地公园调研时就强调："水是湿地的灵魂，自然生态之美是西溪内在、最重要的美。要坚定不移把保护摆在第一

位，尽最大努力保持湿地生态和水环境。"相信通过教材内容的学习以及对时政热点的了解，学生会在树立"绿水青山就是金山银山"意识的同时增强政治认同感。

二、借助信息技术，培养学生的政治认同

在教育信息化背景下，教师要借助多媒体课件直观呈现相应的图片或者视频，然后促使学生在对比分析中感受到中国的快速成长与发展，从而促使学生为有着强大的祖国而倍感自豪，进而全面培养学生的政治认同。

例如"走向共同富裕"一课，这节课主要是引导学生认识社会发展变化，促使学生了解国家大政方针政策。改革开放使得我国发生了翻天覆地的变化，教师可以借助多媒体课件呈现新中国成立前后在生活水平、医疗水平、交通工具以及娱乐生活等方面的发展变化。具体可以是改革开放初期的绿皮火车和现代化的高铁，并且教师可以在图片中呈现出不同交通工具在相同路段所用的时间。改革开放初期的绿铁皮火车，从北京到广州几乎要花费29小时左右，然而现代化的高铁，只需要花费9小时左右，两者的差距是非常大的。改革开放初期，生活在南方的人，想要吃到北方的特产水果，只能到超市中购买。而现代化社会背景，网购使得人们可以从世界各地买水果，而且快递时速非常有保障。学生还可以借助多媒体课件了解到关于某一城市整体风貌方面的发展变化，以及通过父母或者祖辈等人的讲述了解到的生活水平方面的变化等。通过对方方面面的对比，学生就会明白我国的经济发展已经由高速增长阶段转向高质量发展阶段。而祖国的所有发展变化，离不开政策的支持与带动，因此学生内心中就会产生强烈的政治认同感。

三、组织实践活动，培养学生的政治认同

实践活动既能够增强学生的情感体验，又能够营造良好的课堂氛围，还能够增强课堂活动的趣味性。因为初中道德与法治课程是一门以说理性为主的学科，学生学习起来难免感到一定的枯燥。而实践活动则能够将抽象的理论知

识转化为具体的行为，进而能够加深学生的理解与记忆。因此，教师可以通过实践活动的方式来培养学生的政治认同。

首先，教师可以组织学生展开模拟法庭的实践活动。如"凝聚法治共识"一课，学生可以分别扮演开庭工作人员、公诉方、被告方以及受害人，围绕"赌博"这一事件展开模拟演练。整个实践活动中，学生会了解到审判过程，会了解到法庭中的所有出席人员，会背诵相关的法律条文，或接触到举证，辩护等知识，进而学生就会初步构建专业的法律知识。

其次，教师可以组织学生展开辩论活动。还是以"凝聚法治共识"为例，教师可以将学生分成两组，促使学生围绕"在国家和社会治理上法律发挥的作用大，还是道德发挥的作用大"等问题展开辩论。甲方同学支持在国家和社会治理上法律发挥的作用大，乙方同学支持在国家和社会治理上道德发挥的作用大。双方同学要在课前搜索相关资料，并组织好相关语言，从而促使学生将他们所认同的价值观念通过一定的语言表达出来。

总而言之，在道德与法治教学中培养学生的核心素养是全社会、学校以及个人都非常关注的教育问题，尤其是在当前中国政治、经济、文化等各方面取得长足发展的前提下。因此，初中道德与法治教师要将中国特色社会主义理论融入具体的教学活动中，从而全面增强学生的政治认同感。

参考文献：

［1］ 李维红.提高初中道德与法治课教学的有效性策略［J］.中国校外教育，2019（24）.

［2］ 刘东德.浅谈如何提高初中道德与法治课堂教学有效性［J］.学周刊，2019（27）.

初中道德与法治落实立德树人，
彰显学科价值

党的十八大报告中指出："把立德树人作为教育的根本任务，培养德智体美劳全面发展的社会主义建设者和接班人。"这是"立德树人"首次被作为教育的根本任务提出来。党的十九大又进一步把"立德树人"确定为教育的核心，指出："全面依法治国是中国特色社会主义的本质和重要保障，要提高全民族法治素养和道德素养。"立德树人是德育课程的特有使命，道德与法治课作为德育课程的一个重要载体，如何承担这一使命，彰显学科价值，是每一位一线教师都将面临的新挑战。本文试着从初中道德与法治课的特点出发，略谈如何在教学中落实立德树人，彰显学科价值。

一、注重挖掘教材资源，贯彻立德树人，彰显学科价值

课程教学必须深入贯彻习近平总书记提出的思想政治理论课是落实立德树人根本任务的关键课程要求，强调对学生正确的价值引领，彰显课程德育价值。

道德与法治课本中蕴含着许多道德准则，落实了加强品德教育、社会主义核心价值观价值教育的课程要求，在实施教学的过程中，要善于挖掘利用。如：八年级上册第四课"以礼待人"中的探究与分享一栏引用了第45届世界体操锦标赛比赛过程中，因为观众的包容、热情，让一位掉杠的外国选手顺利完成比赛的例子，让学生畅谈自己的感受。即使是跟我国选手存在竞争的外国选

手，也必须表达我们作为东道主观众最起码的礼貌和友善，展现我们的"礼仪之邦"传统。教学中选用该材料既帮助学生落实讲文明的意义的知识点"体现国家形象"，更从榜样的感染到自我内化帮助学生认识到坚守正确道德准则对自己、社会、国家的意义，促进学生懂得怎样做事、如何做人。又如教材七年级上册第120页新增的习近平《在纪念五四运动100周年大会上的讲话》中指出："青年的人生目标会不同，职业选择也有差异，但只有把自己的小我融入祖国的大我，人民的大我之中，与时代同步伐，与人民共命运，才能更好实现人生价值、升华人生境界。离开祖国、人民利益，任何孤芳自赏都会陷入越走越榨的狭小天地。"教师在教学过程中善用这些教材资源引导学生懂得在人生价值在于奉献，要为国家立心，做一名对社会有贡献的人，做社会主义事业的合格接班人。道德与法治教材蕴含许多德育素材，在教学中，注重挖掘利用，合理设置问题，精心设计，就能让学生深谙其中道理，达到立德效果。

二、与时俱进，转变教学观念，由单一的知识传授向育人立德方向转变

教师的教学观念是教育教学工作的核心和动力，是做好教学工作的首要条件。传统的政治课多数为纯粹的知识教育课甚至应试教育课，不注重思想道德上的训练，经常灌输一些枯燥的理论，让学生记忆背诵，把政治课变成纯知识课。教学中，忽视对学生进行德育渗透的责任或者把两者生硬结合，或者将德育与知识传授分割开来，不仅收不到"立德"效果，反而让学生反感。

在道德与法治教学中突出立德树人，必须确立新的教育观念，确立与新时代相适应的体现素质教育精神的教育观念。"德"不仅仅是指道德品质和道德能力，还包括理想信念，人生价值追求和法律素养，是一个人的思想素质的综合体现，立德既包括学生德育之"立学德"，更包括师德之建设之"立师德"。习近平总书记强调："加强师德师风建设，坚持教书育人相统一，坚持言传和身教相统一，坚持潜心问道和关注社会相统一，坚持学术自由和学术规范向相统一，引导广大教师以德立身、以德立学、以德施教，为'立德树人'

工作做好良好的表率和示范。"作为一线的教师，必须改变教学观念，明确立德首先是个人"立师德"，身教重于言教，树立终身学习观念，自觉提高自身学科专业素养，不断汲取新知识，丰富其他学科知识，合上时代的节拍。以高尚的师德为学生的楷模，用高尚的言行举止带动学生修心立品，以德服人，时时为人师表，处处做生表率。

三、立足时代背景，注重搜集积累，提升核心素养

注重时代特征是道德与法治课程的基本要求。教材依托时代背景，选用了许多具有时代特征的素材。发展学生核心素养是落实"立德树人"理念的一个重要举措。在核心素养的内涵中，非常明确地将人的道德素养置于重要地位，比如家国情怀、责任担当等，这些正是中华优秀文化传统的底蕴和本色，这两者在教材中的结合充分体现了初中阶段道德与法治学科核心知识在指导学生生活中发挥的积极作用，作为教师，在教学过程中也要重视搜集、积累、善用具有时代特征的材料顺应时代发展和教学需要。如，新中国成立70周年、中美贸易战、港珠澳大桥、5G时代、依法治国、精准扶贫等等时政素材、旨在激发学生关注身边、关注生活，充分体现教学时代性，并渗透对学生的社会责任感、家国情怀、法律意识、科学求真等核心素养的培养，促进学生的国家认同、政治认同、制度认同、文化认同，实现课程的整体教育效应，学生核心素养也随之进一步深化。

四、遵循认知规律，凸显人文关怀，激发学习兴趣

传统道德与法治课程的教学往往停留在听听读读的肤浅层面，导致课程教学效益不高、德育效果不理想。要促进学生良好品德和意识的养成，就要契合认知规律，在真实情境中深化认知体验。教材编排上图文并茂、生动有趣，并以学生喜闻乐见的形式呈现，如：七年级第65页，班级共同创建网上班级群的案例。一下子拉近了学生和课本的距离，微信、班级群是现在班级管理中一种最常用的工具，这教材中选用这样的例子容易让学生"亲其道，信其道，乐

期学"建立平等和谐的师生关系，达到良好的教学效果。教师用心研读教材，将教材与生活实际结合，多组织课堂活动，激发学生的学习兴趣，诚恳地与学生进行对话，不仅增强了教材的亲和力，容易引起学生的共鸣，有助于学生在反思中不断成长。八年级上第一课"养成亲社会行为"的教学过程中，借用网络热议的"老年人跌倒该不该扶"这个问题，设计一个辩论活动来进行辅助教学，在激发学生学习兴趣的基础上，让其对这种现象有一个更为具体、深入地了解与认识，并对存在问题的成因以及可能导致的社会影响进行分析。在这个过程中，学生开始意识到老人摔倒并不是一个简单的问题，不仅涉及老人的伤势与扶助者的热心，还涉及社会诚信、医疗保险、法律保障等方方面面的问题。在辩论的过程中，不断提高学生的思考能力与分析能力，逐步形成正确的认知与思想观念。开展学科教学遵循学生的认知规律，凸显人文关怀，贴近生活，更容易引发学生的兴趣与共鸣，让其能主动参与到课堂教学中，进而帮助其构建正确的世界观、人生观和价值观。

五、注重与社会生活紧密结合，为"立德树人"寻找源头活水

《道德与法治》教材的性质之一是"生活化"，源于学生实际生活的教育活动，才能引发他们内心，触及心灵，结合学生的实际生活，创造性地使用教材，充分利用课堂，引入生活之水，将教材中原有的材料与学生的现实生活有机结合，缩短教材内容与学生的距离，而且教材本身也具有很强的实践性，注重学生的实践体验因此，在课后，应有目的地要求开展各种形式的实践活动，指导学生从课堂回归生活，运用于生活。例如，鼓励学生走进博物馆、纪念馆，让学生近距离感受和平与安宁的来之不易，以此培养其爱国主义情怀；鼓励学生积极参加公益活动，体验帮助他人的幸福与快乐，发扬尊老爱幼、乐于助人的优良传统；鼓励学生到当地的法院旁听案件审理，让其深刻感受到法律的神圣与威严，从心底对法律产生敬畏感，做一个遵纪守法的好公民。在参与实践的过程中，学生会乐于主动去观察、思考、反思，并努力完善自我、提高自我，主动摒弃那些不好的行为习惯，让自己获得更好地发展。让书本回归生

活，在生活中发现问题、思考问题、解决问题，从而提高自己解决问题的能力、适应社会的能力。"道德与法治"源于生活，能将教材中固定的文字内容转化为丰富多彩的社会实践生活，使学生深刻感受到这门知识的重要性，促使学生能感受到学习的真谛，以及道德与法律在生活中的力量，落实"立德树人"的根本任务。

坚持立德树人，是每一个教育工作者的天职，道德与法治课是"立德树人"的有效载体。作为一名一线的道德与法治科教师，在教学实施过程中，要坚持落实"立德树人"引领学生逐步形成正确的世界观、人生观、价值观，实现教书育人的目的，彰显学科的价值。

参考文献：

[1] 全国高校思想政治工作会议12月7日至8日在北京召开 [EB/OL]. 中华人民共和国中央人民网站，2016-12-08.

[2] 戴锐，曹红玲."立德树人"的理论内涵与实践方略 [J]. 思想教育研究，2017（6）：12-13.

[3] 连琼云. 十九大新政对初中品德教育的积极作用探析 [J]. 教育现代化，2018（42）：290-291.

[4] 张志勇. 立德树人是教育的根本任务 [J]. 中国教育报，2017（8）：9.

[5] 陶健. 浅议思想品德学科核心素养的培养 [J]. 中学政史地，2016（9）.

[6] 刘文川. 凸显学科价值 提升教学品味 [J]. 理论与实践，2017（7）.

议题式教学在初中道德与法治教学中的应用

初中道德与法治是以初中生的生活为基础，以促进学生形成良好品质，引导学生形成正确的人生观和价值观为目标，融思想道德、心理健康、中国国情、法律知识等为一体的课程。新课程提出核心素养理念，基于现在初中生的思维和认知特点，针对部编教材的"可议性"，本人从一名初中道德与法治教师的角度出发，谈谈议题式教学法在本人教学实践中的应用。

一、什么是议题式教学

传统的教学方式主要是由教师进行知识传授，课堂教学一般由教师把控，学生被动地接受教师单向知识传授，真正留给学生自主学习和思考的时间不多，师生间没有建构良好的教学关系。议题式教学，顾名思义就是从议题出发，立足学生的学情，以学生社会生活中的情景为议题。议题式教学采用灵活的教学方式，围绕具有开放性、综合性、思辨性的真实情景，明确议题主旨和教学目标，以学科知识为支撑，分梯度设置子议题，通过分阶段目标的子议题探究方式，有效突破重难点，以培养和提高学生核心素养为出发点和落脚点，促进学生合作探究。这种教学方式，充分体现了学生的主体地位，让学生拥有充裕的时间发散自己的思维，师生之间能进行有效地交流，打破课堂与教材的局限，让学生在课堂上大胆地把自己的想法讲出来，在有效的时间内获取更多的知识，将学习的自主权归还给学生。议题式教学重视学生利用生活情景为载体，培养处理问题、解决问题的能力。作为直面真实问题解决的建构式学习方法，议题式教学真正实现思想政治课教学由知识导向转向素养导向。

二、议题式教学的应用

议题式教学一般包括议题的选择、议题（设置子议题）的探讨、议题的拓展。教学设计的原则应以学科知识内容的掌握和核心素养的培育为目标，在此基础上进行序列化设计，以便更好地开展教学活动。议题式数学法的设计思路如下：

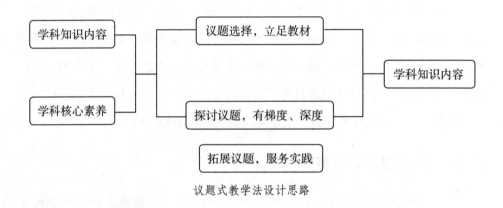

议题式教学法设计思路

（一）议题选择

议题是最关键的组成要素，是整个议题式教学的基础和前提。本人在进行议题选择时始终贯彻"以生为本"的教育理念。议题的选择立足于教材，以教材中的重难点为根基，从各种现实生活中出现的新问题、新变化出发，设计出富有时代意义的议题，引导学生进行甄别，去伪求真，正确对待社会发展和人生经历的各种曲折。议题的选择上，本人一直遵循以下原则：①议题的学科价值，议题的选择立足于教材，具有鲜明的学科主题和理论依据，与学生的学科知识紧密结合，帮助学生进一步发掘知识点。②议题具有可议性，充分考虑学生的学习感受，与学生的思维水平相适合，充分打开学生的话匣子，为学生提供充足的自主学习和交流的空间，充分调动学生参与的积极性和主动性。

③议题具有开放性，议题能放大"议"的空间，使学生思维得到纵向和横向的发散，开拓思维境界。④议题的递进式，逐步增加"议"的深度，让学生在层层深入中抽丝剥茧，感受思维力量，享受思考的快乐。⑤议题的时代性，议题的选择应该紧扣当下的焦点，紧跟时代脉搏。⑥议题能展示价值判断，实现从"学科教学"到"学科教育"的转变，坚持正确的思想政治方向，具有社会主义核心价值观价值引领，培养学生以理性辩证的眼光看待问题，树立是非观，帮助学生健康成。例如：八年级上册"坚持国家利益至上"一课中，本人以新中国成立70周年学校拍摄的快闪视频《我和我的祖国》明确"我和我的祖国"为中心议题。九年级上册：《共筑生命家园》先播放了禅城区的环保宣传片《禅意》以此作为背景，选用了"如何面对发展与挑战"为议题。九年级上册"创新永无止境"一课时，本人为学生播放了两则新闻"中美贸易战"和"孟晚舟在加拿大无故被羁押"，设置了"5G背景下华为的困境与超越"的议题。这些议题让学生有很强的参与感，能引导学生观察社会现状，聚焦分析社会热点，具有鲜明的学科价值、社会价值和育人价值。

（二）议题探讨

议题的探讨是整个议题式教学的核心环节，学生的思维能力，综合能力，核心素养都得依靠这一环节来实现。学生探究活动的过程实际也是知识迁移的过程。在这一过程中，可以体现学生的学科水平、自身生活经验水平、处理实际问题的能力。因此子议题的设置要贴近生活、有层次感、以学生为主体，设计层层递进、环环相扣，为解决中心议题提供支架。子议题的探讨要直面各种冲突，形成各种创新观点，最终找到解决问题的方法，帮助学生形成正确的价值判断。例如，议题："5G背景下华为的困境与超越"中，本人设置了如下四个小议题：①为什么美国举国家之力来遏制华为的发展，5G能给华为和国带来什么？②如果你是任正非，你将如何帮助华为走出困境，实现中华有为？③你如何看待华为"百万高薪引进人才"的计划？④要实现创新强国，仅靠华为这样的企业够不够，还需要什么？借助新闻播报给学生铺垫背景知识，再由议题引出"科技创新已经成为综合国力竞争的决定性因素"的核心知识点，再通过子议题让学生了解我国科技现状，理解为什么要建设创新强国和如何建设创新强国，懂得教育对创新型国家建设的重要意义，理解建设创新型国家、实现创新型强国不仅是企业的责任，更是时代赋予每个人的责任，从而增强忧患意识，自觉融入双创热潮。又如议题："如何面对发展中的挑战？"通过环保宣传片《禅意》引发讨论：经济发展和生态环境的理想关系应该是怎样？设置三个子议题：①经济发展和生态环境的理想关系应该是怎样。②如何理解中国的应对方案？在第二个子议题下又设置了三个子议题：A.纵观世界主要发达国家基本都经历了发展—污染—治理的道路，对于这些国家的生态经验，我们为何不能直接拿来所用？B.为了构建更好的生态关系，我国在不同阶段明确了哪些不同的生态态度。C.辨析探究：我国生态和人口政策的不断调整有其必然性和合理性，而社会的发展也瞬息万变，某班研究小组调研发现目前社会的新现象，很多贫困地区把特色养殖（竹鼠、蛇等）当作当地特色支柱产业来发展，疫情后限养、禁养野生动物等政策出台，你认为如何解决这一困境？从发展与挑战的辨析角度让学生去思辨两者的关系从而坚定走中国特色社会主义道路的信心。③我的绿色微行动。让学生畅谈自觉地环保微行动。

当然，设计子议题的设置特别是"递进问题"要遵循思维规律，让学生在层层深入中感受思维的力量，享受思考的快乐，但也要树立"课堂并不是往下挖越深越好"的理念，不要浪费学生的思考热情，把握思政课的变与不变。在问题提问中适当沉淀、素材整合、删繁就简等，来达到沉淀思考与素材整合的目的。

（三）拓展议题，服务实践

将议题式教学的应用作用发挥到最大，教师需要充分利用议题式教学，适当拓展教学范围，打破课堂空间与时间的局限性，通过各种教育活动提升学生道德品质的作用，让道德与法治学习变得灵活且有实效性，帮助学生运用学到的知识去解决实际生活中出现的问题，也为学生未来的长久发展奠定一个良好的基础。

　　例如：在学习八年级上册"遵守社会规则"这一单元时，本人首先在采用议题式教学，与学生就各种存在的社会规则与遵守社会规则的意义进行了探讨。围绕"规则是否应当刻板遵守"展开了辩论赛，学生以小组为单位进行辩论，并在辩论赛正式开始之前，搜集了大量与规则相关的真实案例。例如其中一个比较典型的例子："某年轻人患了重感冒还加了一天班，傍晚下班后非常疲惫的他坐在公交车上睡着了。但是没过一会儿就有一根木棍伸了过来，他睁开眼一看是一位老人正在拿拐杖杵他，让他让座。这位年轻人实在是太累了，他看到车上还有其他年轻人，便诚实地说自己身体不舒服，希望老人家可以找别人让座。但是这句话却像捅了马蜂窝一般，车上的人纷纷向他投来鄙夷的目光，甚至有一位年轻人站起来大声斥责他，仿佛是他做了什么伤天害理、十恶不赦的事情。"在公交车上主动向老弱病残让座是当今社会大家的共识，也是不成文的社会规则，但当我们有不得已的理由不能遵守这个规则时，我们是不是就有错呢？整个活动过程中，学生不仅对规则的理解更加深刻，搜集、整理和分析信息的能力得到提升。通过议题探究，形成一份关于遵守规则报告，并向政府网站提出建议，旨在促进教学目标的落地生根，使学生在公民意识、道德品质、法治意识都有所提高，激发学生主人翁的精神，增强学生的社会责任感。

　　议题式教学在初中道德与法治课堂中的应用，既是顺应新课改教学要求的必然选择，也推动着初中道德与法治教育教学向前发展。本人将"以生为本"的教育理念深入贯彻到教学中去，充分尊重学生在教学中的主体地位，发挥议题式教学的全部优势，激发学生的学习兴趣，调动学生参与讨论的积极性和主动性，打破传统教学模式带来的禁锢，让学生的思维飞出课堂，让更多的社会时事与政治观念进入到课堂教学中来。使学生真正成为学习的主人，锻炼学生的自主学习、探究思考与逻辑思维能力。初中道德与法治课堂运用议题式教学还是提升中学生道德品质的最佳场所，坚持立德树人的教育方针，不断优化初中道德与法治的教育方式，为学生未来的长久发展与综合素养的培养奠定良好基础。

参考文献：

[1]雷雅芳.基于学生思维方法培养的议题式教学实践［J］才智，2020：
168–169.

[2]王毅.议题视域下初中道德与法治"学问"课堂［J］江苏教育，2020
（75）.

[3]毛希研.浅谈利用议题式教学培养学生初中道德与法治学科核心素养.
核心素养［J］，2019（19）.

[4]姚平.初中道德与法治议题式教学——以《公民基本权利》为例［J］.
案例精选，2020（22）.

浅论习近平新时代中国特色社会主义思想中法治思想与初中道德与法治教学的融合

2017年10月18日，在中国共产党第十九次全国代表大会上习近平总书记首次提出"新时代中国特色社会主义思想"。新时代中国特色社会主义思想是全党全国人民为实现中华民族伟大复兴而奋斗的行动指南。习近平新时代中国特色社会主义思想，用八个"明确"清晰阐明，用十四项基本方略进行具体谋划，明确全面推进依法治国总目标是建设中国特色社会主义法治体系、建设社会主义法治国家。

随着新课程标准的逐步实施，法治教育这一教育内容的重要性越来越突出，法治教育已经上升到国家层面。党的十八届四中全会作出了关于将"法治教育纳入国民教育体系，从青少年抓起，在中小学设立法治知识课程"的决定，原初中《思想品德》教材已于2016年更名为《道德与法治》，并且从2017年秋季开学起，全国义务教育阶段统一使用部编教材。随着我国社会经济的不断发展，现实生活中的社会问题越来越多地涉及法治领域，法治建设的重要性也越来越受到人们的关注。近年来，校园欺凌和暴力事件频频见诸报端，青少年违法犯罪的案件数见不鲜，未成年人犯罪的比例不断增高，成为一个不容忽视而又亟待解决的社会问题。初中法治教育对学生正确的人生观、世界观、价值观的形成具有重要影响，所以在初中政治教学中渗透法治教育十分必要。笔者通过搜集相关的一些关于法治教育的资料，得出了自己关于中学法治教育的一些见解和认识。本文分析当前法治教育的不足，并介绍提高法治教育有效性的方法。

一、法治教育现状分析

1. 社会、家庭对法治教育的影响

对于初中生而言，父母是孩子的第一任老师。据统计，我校学生家长初中以上受教育水平的仅占全部家长的54%，说明学生家长的受教育水平整体不高，对于家庭教育缺乏有效的方法，对于法治教育更是微乎其微。随着我国经济发展突飞猛进，各种社会思想交织错杂，而初中生正处于身心发育的关键时期，环境对于学生的发展有着巨大的影响，很容易受到这些社会思想的影响。

2. 教师对法治教育的重要性认识不足

新课程改革在课程目标方面反对过于注重知识讲授，强调知识与技能、过程与方法、情感态度与价值观"三维"目标的达成。受传统教育思想和模式的影响，不少中学政治教师在进行法治教育内容的教授时，教学形式还是局限于讲授式。在这种教学形式下，教学形式单一，学生成了被动接受教育的人，学习积极性受挫，不能积极参与到法治教育的学习中来，教学没有起到增强学生法治意识的教育目标。学习思想品德课成为学生拿到高分的一个跳板，而不是提高自身素质的重要手段。

3. 学生对法治教育的缺乏认知体验

笔者查阅了人民教育出版社出版的初中思想品德教科书，发现初中道德与法治课涉及"法治教育"主要是七年级下册第四单元"做知法守法的人"和八年级下册第一单元"坚持宪法至上"、第二单元"理解权利与义务"、第三单元"人民当家作主"以及第四单元"崇尚法治精神"。通过分析，发现课文中的正文和案例涉及了《消费者权益保护法》《未成年人保护法》《义务教育法》，简单涉及了《宪法》《刑法》《婚姻法》《教育法》《民法通则》《治安管理处罚条例》等多部法律，这些法律对于中学生来说学习容量很大，学生

会发现法律的文本很多，但并不了解每部法的具体内容，况且法律内容枯燥乏味，不利于培养学生对法律相关知识的兴趣。中学生正处在学习的"黄金阶段"，思维、智力、能力水平正快速提高，易受各种思想观念的影响，法治教育必须抓住教育实际，通过课堂教学向学生进行法治和法律意识的公民价值教育，而非要求学生掌握繁杂的法律条文和内容，每一部法律都有自己的法律理念和价值追求，重要的是要让学生掌握法律条文背后所体现出来的价值，如公正、公平等价值追求。

二、教师法治教育的有效方法

1. 整合教材资源，落实法治教育

初中阶段，中学生对于法律知识的认识主要来源于教材，现行的部编教材相对于之前的粤教版、人教版教材加入了很多法律内容，有大量关于宪法和法律的知识，涉及《宪法》《刑法》《婚姻法》《教育法》《民法通则》《治安管理处罚条例》《消费者权益保护法》《未成年人保护法》等。同时，教材提供了很多对应知识点的有关案例，设置很多活动情境，以及相关链接，扩展学生的知识面。作为教师，在进行备课的过程中，应当立足教材，充分利用教材，发掘政治教材中法治教育渗透点，有机整合教材内容。在教学实施中，教师应该改变传统的枯燥的讲授式教学方法，创新教学形式，引入如"模拟法庭"等操作性强，学生易于参与的形式丰富课堂教学内容，丰富课堂教学，活跃课堂气氛，对学生因势利导，让学生活学活用，真正达到政治这门课的德育和法治教育效果。

2. 丰富课堂活动，渗透法治教育

新课改强调学生的主体性，倡导自主合作学习，明确教师扮演的角色是引导者、合作者和促进者。在课堂教学中，我们要从学生的主体地位出发，营造自主合作探究的氛围，充分调动学生的积极性和主体性。通过师生积极互动、同学相互合作，采用创设情境、案例教学、角色扮演等教学活动形式，例如"小小法官""模拟法庭""我是小律师"等情境活动，关于法律

知识的辩论赛，小品表演等活动，丰富课堂形式，激发学生的学习兴趣，增强对学习内容的体验和认知，有效掌握法律知识。如在讲授八年级下册"人格尊严不受侵犯"这一知识点时，可以请学生分享他们生活中被侵犯的事例，往往这些事例来源于中学生的日常生活，更能引起学生们的兴趣和思考。例如在讲肖像权时，有同学提出问题：未经允许，我把同学的相片放在我的QQ头像中是否侵犯同学的肖像权？当这一问题一提出来时，许多同学纷纷争着发表自己的看法。受前段学习"公民享有肖像权，未经本人同意，不得以营利为目的使用公民的肖像属于侵犯肖像权"，这样学生经过教师的点拨就能理解判定是否侵犯公民的肖像权了。通过丰富的课堂教学形式能够让学生投入到课堂教学中，意识到法治教育就在自己身边，自觉养成良好的行为习惯，树立法治意识和法律意识，践行道德要求和法律义务，做到学法、知法、守法、用法。

3. 关注时事政治，弘扬法治精神

教育部《义务教育思想品德课程标准（2011年版）》明确课程基本理念是帮助学生过积极健康的生活，做负责任的公民是课程的核心。初中学生逐步扩展的生活是课程的基础。中学生关注社会发展变化，增进关心社会的兴趣和情感，养成亲社会行为。教师可以引导学生关注现实生活，了解时事新闻，国内外的重大热点，如选取《焦点访谈》《一虎一席谈》《今日说法》以及本地素材《小强热线》等视频资料作为课堂导入部分，让学生迅速进入学习状态，引发对问题的思考，培养思考问题与解决问题的能力。以八年级下册为例，在讲授"人民代表大会制度是我国的根本政治制度"这一内容时可以选取2018年3月召开的第十三届全国人民代表大会第一次会议选举习近平为国家主席这一视频，通过视频的播放，让学生的触觉、视觉、听觉等方面得到全方位的感受，真实地感受到人民如何通过人民代表大会制度行使权利。通过现实辅助教学，降低学生对知识点的理解难度，增加教学过程的趣味性、真实性，做到学以致用，理论与实际相结合。教师要认真研究教材，在素材选取方面联系学生生活实际，选取社会生活中有价值、有意义的事物或任务供学生探讨，注重选材的实用性。

4.借用社会资源，助力法治教育

道德与法治课程以社会主义核心价值体系为导向，旨在促进初中学生正确思想观念和良好道德品质的形成与发展，为使学生成为有理想、有道德、有文化、有纪律的社会主义合格公民奠定基础。政治课承担着德育任务，是学校教育、家庭教育和社会教育的合力成果，教师不仅要从教材发掘资源，也要学会借力于社会资源。教师要善于借用教育外力，整合教育资源，使法治教育的目标一步一步地实现。一方面要加强校园文化建设、班级文化建设，发挥黑板报、墙报、宣传栏这些宣传阵地的作用，节选《未成年人保护法》《预防未成年人犯罪法》《教育法》等重要法律条文并进行相关解读，以通俗易懂的方式呈现出来给学生，以潜移默化的方式向学生渗透法治教育。另一方面教师可以请当地政府司法部门的专业人员来校为学生举办法治教育专题讲座，分享从事法律专业经历，以生动、真实的经历吸引学生，创设浓厚的法治氛围，增强教育效果。

三、结语

十九大以来，随着习近平总书记提出中国特色社会主义思想和新课改背景下，法治教育的地位越来越突出，我们教师必须要明确国家课程要求、结合社会需要，联系学生实际，发挥教师自身的主观能动性，提高法治教育有效性，把习近平新时代中国特色社会主义思想有效贯彻到初中道德与法治教育教学中来。教师必须整合教材资源，丰富课堂活动，关注时事政治，借用社会资源，立足于政治课堂，多种形式进行法治教育，认真贯彻法治教育理念，培养学生良好的道德行为习惯，提高学生的法律意识和法律素养，增强学生的社会责任感和历史使命感，达到学法、知法、守法、用法的目的，成为有理想、有道德、有文化、有纪律的合格公民。

参考文献：

[1] 中华人民共和国教育部. 义务教育思想品德课程标准（2011年版）
　　 [M]. 北京：人民教育出版社，2011.

[2] 李辽宁，曾海萍. 论青少年法治教育的目标及着力的 [J]. 新教育，
　　 2015（2）：8-9.

[3] 梁华迅. 浅谈如何在初中思想品德课教学中渗透法制教育 [J]. 教育教
　　 学论坛，2014（31）：257.

[4] 李东华. 浅谈在初中思想品德课中如何有效地进行法治教育 [J]. 教学
　　 文萃，2017（7）：70.

疫情影响下家校合作的有效教育方式探讨

受新冠肺炎疫情影响，为顺应"停课不停学"的教育要求，我校在认真践行新的教育教学方式，如网络教学、网上家校合作、"云"班会等依托网络技术开展的教育教学活动。网课学习期间家校合作是基于班主任与家长良性互动的思考，如何整合教育资源达成教育共识是我们班主任思考的一个难题。家庭和学校只有精诚合作、凝心聚力，注重共育策略，才能形成教育合力，促进青少年品德、学业等各方面的良好发展。提高班主任和家长的教育素质与能力，是亟待解决的问题。本文通过案例的描述、分析、实践、反思和总结几方面探讨了新冠肺炎疫情影响下的有效教育方式。

一、案例描述

受新冠肺炎疫情影响，学生和教师在较长的一段时间里面通过网络的方式进行学习、开展教育教学活动。在复课复学后，我班有一个男生，这个男生出现过三次逃课行为。第一次是某一天中午，收到我班英语教师的信息，说是这位男孩子A同学，在英语课上手动撕书，在教师说了他要认真听讲不能搞小动作后，生气离开课室整整一节课都没有回来。事发之后的当天下午，他主动到英语老师那里道歉，此事到此结束。第二次逃课是上我自己的课——班主任的课，在我的课上有个小组加分项目，每个小组成员都完成了，我说"每人都要认真，快速地完成，不能拖小组的后腿"，此话一落，这位男孩子A同学离开座位，摔门而出，剩下的半节课没有回来上课。第三次逃课是晚自习时间，他在玩矿泉水瓶，值日班干提醒他不能玩了，他回应"不玩就不玩"，随后自己离开课室，去了操场，整个晚自习没有回来过课室。

二、案例分析

这位学生平常在日常行为规范方面表现较好，乐于助人，与人为善，遵守纪律。唯一的缺点是学习成绩不够理想。他这三次逃课的行为，让我意识到了问题的严重性。多方了解下来，发现A同学的问题主要由以下三个原因造成。

第一，学生本人"理想自我"与"现实自我"差距较大，不能正视现实的自己，缺乏自信，形成"习得性无助"心理。

A同学平常在班上话语不多，愿意主动帮助老师干活，也喜欢和同学相处。但学习上非常不自觉，对自己没什么学习上的要求。当老师一次次强调作业上交情况、考试成绩时他就烦躁。因为他的基础薄弱，上来初中以后多个科目都跟不上，出现破罐子破摔的现象。他开始怀疑自己、否定自己、放弃自己。同时，他自尊心又极强，内敛的性格使他不愿把心中的苦恼向身边的同学倾诉，负面的情绪一点点累积，形成了一定的心理压力。这导致他不愿意主动交往，和其他同学、教师之间显得很被动，交往的内容也是很表面化，无法进行深层次的情感交流，时常感到自卑，致使情绪苦闷，认为任何人都无法帮助自己。该同学对待学习是无所谓的态度，觉得生活中一切都没什么意义，对未来感到迷茫，虽然想要前进，想要进步，想要成功，也下定决心改变自己，但是却没有付诸行动的勇气，内心没有希望，感到无助。

第二，该生心理调适能力较弱，处理人际关系的方式不当，不能及时疏导自身的心理情绪。

他曾多次与我沟通，反映周围的同学不太乐于与他进行交流、合作，导致他被孤立在班级活动之外。我曾引导他思考自身问题所在，并针对他存在的问题提出了相应的解决办法，并且监督他做到，定期与他进行沟通反馈。但总体来讲，他在班级活动方面活跃了一点，与同学交流多了一点，但我观察同学们接纳他的状态并没有明显改观。

第三，父母教育理念落后，教育方式粗暴，缺乏正常的亲子沟通途径。

家庭是学生极为重要的生活空间和文化环境，学生的心理与言行都与家庭氛围息息相关。任何一个学生的心理偏差或行为偏差都能从家庭的教养方式和家庭的人际关系中找到某些直接或间接的根源。A同学的父母对儿子的未来期望颇高，他们从自身的经历和社会经验出发，不尊重小孩的意愿，不考虑小孩的喜好，武断地"一厢情愿"地对他的未来进行规划，扼杀了孩子想学音乐的梦想。周末回家两天，为他安排满满的文化课程，缺乏必要的休息娱乐时间，要求儿子每周末都补习文化课。他们过分关注孩子的成绩，却很少关心孩子的心理，缺乏孩子心理健康的意识，导致A同学越来越不愿意与他们交谈。A同学觉得父母不关心他，不理解他，于是在学校的学习完全不用心，用不交作业、不听课甚至逃课等行为方式来宣泄，和父母对抗。父母简单粗暴的教育，亲子间交流的缺乏，学习基础的薄弱，情绪的难以掌控等各方面因素让这位少年成为班级中的后进生。

三、改进建议

家庭是孩子成长的摇篮，学校是孩子成长的一片沃土，良好的家校关系有利于形成学校、家庭两者之间的教育合力，更好地促进学生身心的健康发展。家庭教育和学校教育无法互相替代，父爱和母爱不可以互相替代。对此案例，我深入地思考如何开展家校共育工作，如何通过家长和班主任牵手来实现协同育人。

（1）面对这个逃课三次的孩子，为了重拾他的自信。我和A同学聊天，鼓励他录一段打架子鼓的小视频给我看看。同时要求全班同学有特长的，利用周末时间录制小视频或是拍照等。收集资料，开展班会课"认识身边的他/她"，向全班同学展示了A同学最耀眼的一面，发掘他的闪光点，多用心真诚地表扬他的优点。通过此班会，课后还有很多会唱歌的同学邀请A同学一起演奏。A同学开始正确地认识自己、接纳自己，发展协调的人际关系，积极主动地面对生活和学习中的困难，不断地发挥出自己的潜能，慢慢地增强自信。

（2）班主任自己要心中有数，手中有法，勤于沟通家长，助力孩子成长。每一个原生家庭都有些许问题，即使原生家庭没有那么优秀，每个人也都会成长。面对极端的学生，需要我们更多地宽容和扶持。除了日常的关心，更要做到家校勤沟通，共助学生成长。树木都是向着阳光生长的，教师和家长的言行举止时刻熏陶着孩子的心灵，家校共同传递给孩子正能量，才能促进孩子健康成长。

（3）班主任要与家长良性沟通、正向交流，形成教育合力。我和A同学进行了单独交流，告诉他应该关注自身的努力，而不是因为成绩的高低，心里就觉得别人对自己的评价都是不好的。检测自己的付出是否都在朝着目标前进，只要答案是肯定的，那么即使面对困难，遭遇失败，这份付出就是成功的。同时，我鼓励A同学更多地融入集体生活和活动中去，还安排了一个性格开朗，正能量的男孩子与他同桌。接着，在年级德育级长和心理老师的共同参与下，约谈家长，让家长详细了解孩子在校的真实情况，也从家长那儿了解孩子在家的表现和父母的教育方法，并给出建议和指导，从而提升家长对孩子心理健康教育的意识和能力。

家校合作需要家长的配合，家校间需要良好的沟通，这也是建立信任的基础。最重要的是班主任和家长的沟通方式，只有良性地互动才能够促进孩子的成长。班主任在指导家长进行有效的亲子沟通时，应强调遵循孩子认知发展规律的重要性，提高家长在教育中的参与度和对孩子的关注度。

四、成效反思

经过一个学期的共同努力，A同学脸上的笑容多了，已能够控制住自己的情绪，且能做到作业按时上交，成绩正在逐渐提高。给他一个温馨的成长环境使他有了很大改变。这个案例让我认识到在进行学生心理健康教育时，如果只靠班主任的努力是远远不够的。我们不能忽视家班合作的效力，当家长遇到教育难题或者自身的困惑时，作为班主任的我也及时帮助分析，共商对策。当然，在班主任教育遇到瓶颈或无法彻底解决时，我也常会联系家长，及时沟通信息，共商对策。教师不能代替家长，学校教育也不能代替家庭教育，只有通过家校合作，才能真正提高学生的心理素质。这次的案例验证了家校合作，呵护孩子心灵，鼓励孩子的自主成长。

通过此案例的处理方式和方法，我深刻地体会到家校合作的效力。家校合作需要理念先行，先要有一个正确先进的理念。在微信群推送文章，是一个改变家长理念的好方法。时代在发展，现在是互联网时代，善于利用互联网+家班共育，在班级的微信群里适时地根据班级的情况推送相关的家庭教育文章，可以高效率地改变家长的教育理念。作为新教师，特别是班主任，我们应该相当自信、有底气。在对班级管理教育的同时向家庭教育提出要求，向家长们提出一些有关教育方面的要求，从而为孩子们的成长更好地服务，避免发生"5+2=0"的情况。比起家长来说，我们有更丰富的经验以及相关的理念，因为我们对教育有着更加丰富的专业认识。家校合作，齐心协力，营造一个和谐的环境，让孩子们更好地成长！

第三篇　勤实践

——课堂教学促成长

每天进步一点点

——2021—2022学年第一学期思政第一课教学设计

开场白

亲爱的同学们、老师们，大家早上好，我是张槎中学校长董蔚。

时光飞逝，寸暑难留，转眼间新学年就又开启了，我非常高兴，我们的同学和老师都能按照佛山市出行防疫政策的要求，认真做好假期防疫工作，平平安安地返校，也非常高兴，我们今年有669名可爱的初一级新生加入了我们张槎中学温暖的大家庭，欢迎你们的到来！

由于疫情原因，我们采用线上直播的方式召开本学期开学典礼，虽然屏幕好像把我和大家的距离拉远了，但我还是想用些别开生面的方式来跟大家进行互动哈，大家的桌面都准备好纸笔了吧？准备好就开始了哦！

【热场互动】

相信大家今年（2020年）暑假都看了东京奥运会，我们中国体育代表团获得38金、32银、18铜，共88块奖牌的战绩，对此我们自豪不已。大家知道吗？有近三分之一的金牌是由"00后"获得的！他们在奥运会赛场上向全世界展示出了中国年轻一代的气势与风采，也给我们留下了深刻的印象，那现在我们就来玩一个"奥运冠军竞猜"小游戏，请同学们根据我给的信息点猜出是哪位奥运冠军：

首先看第一位的信息：

她拥有一项神奇技能，被誉为"广东天才少女"。

她是中国体育代表团年龄最小的奥运冠军。

她5跳拿下3个满分！

是的没错，她就是我们广东的全红婵，年仅14岁的她用"水花消失术"征服了所有观众！

再来猜第二位：

"除却君身三重雪，天下谁人配白衣"，这句诗是用来形容谁的呢？

有的同学可能还猜不到哈，那我再给你们听一段她的录音，信息点都在里面，请大家认真听，一定能猜出来的。

这位清华学霸就是杨倩，她可是一位"00后"双金牌冠军啊！

接着猜第三位：

这是一段小视频，大家来猜一猜这又是谁。

她就是拿下全场最高分，灵动可爱、萌翻全场的16岁体操小花管晨辰。

给大家留下深刻印象的"00后"金牌得主一定还有很多，这是打破三项奥运记录、力大无穷的举重冠军李雯雯；这是全场平均年龄最小的双人跳水组合，张家齐和陈芋汐；这是在乒乓球女团决赛中以3比0击败宿敌日本队的"小魔王"孙颖莎。

除了"00后"，我们也有一些经验老将，现在就来猜一位：

他虽然没拿到金牌，但他带给我们的震撼和意义已经胜过了一块金牌。能猜到是谁吗？

再看这个截图，这是他在奥运赛场上做出的经典手势。

是的，大家都能猜到了，他就是"百米飞人"苏炳添，我们的广东"苏神"！

引出主题

看到这些年轻和年长的奥运健儿们所获得的惊人成绩，我们不禁想问，他们究竟是怎么做到的？现在我给同学们看一个苏炳添的视频，答案就在里面，请大家在看的过程中记下一些关键词。

我们可以看到，运动员的训练是日复一日，非常辛苦的，他们的汗水和伤痛，都是为了每天能进步一点点。这就是我今天讲话的主题。

一、积跬步以至千里，积怠惰以致深渊

为什么我要以这个为主题？因为生命的时间真的很宝贵，因为初中的三年过得真的很快，因为我们总会一不小心就浪费了自己的时间。这世上没有什么一蹴而就，一步登天，哪怕是天才，也是需要一点点挖掘自己的潜能，努力积累，最后获得成功。杨倩完成一次射击的时间不过是几秒，苏炳添跑完100米仅仅用了9秒83，汪顺个人混合泳200米仅仅用了1分55秒。赛场上的时间很短，哪怕是跑一场马拉松，那位领奖台上令人动容的奥运冠军基普乔格，他也只是用了2小时08分38秒。可这"不过是几秒""仅仅用了""只是用了"从来都不是轻易的。赛场上的时间是他们背后数年、十数年甚至是几十年！而他们之所以能够走上奥运赛场，用这短短的时间赢得奥运冠军奖牌，靠的就是前面那些艰苦锻炼年月中的"每天，进步一点点"。

【热场互动】

这"一点点"真的很重要，现在我就用几道数学算式题来让大家明白它的重要性。来，准备好做我们的"开学第一题"了哦。情境化算式题一：小A现在所拥有的知识能力总量是1，他要求自己每天进步一点点，不多，只进步百分之一就好，那么他每天都在1.01的努力，请大家计算一下，一年之后，也就是1.01的365次方，结果是多少？

来得及算出答案吗？哈哈哈，不急，我待会儿就直接告诉你们答案吧，我们继续思考下一题。

情境化算式题二：小B现在所拥有的知识能力总量也是1，但他并不要求自己进步，他每天都在1的基础上，请大家计算一下，一年之后，也就是1的365次方，结果是多少？

这道题的答案大家都脱口而出了吧？再看下一题。

情境化算式题三：小C现在所拥有的知识能力总量也是1，但他没有对自己的知识能力进行整理，每天都在不知不觉中退步了一点点，不多，只退步百分之一，那么他每天都是0.99的状态，请大家计算一下，一年之后，也就是0.99的

365次方，结果是多少？

大家看到这样的结果，能对比发现其中的道理了吗？每天就进步一点点，1.01的365次方就是37.8；每天就退步了一点点而已，0.99就剩0.03了，如果每天都没改变，那就只能是原地踏步。就更别说每个同学之间一开始就存在的差距，我们再1.02和0.98来比较，它们之间相差也就0.04，可一年之后拉开的差距就是百万倍以上（1377.4和0.0006）！这就告诉我们：如果我们不重视那一点点的差距，此时此刻比你优秀却还在要求自己进步一点点的人，在不久的将来就会把你甩得很远，很远。初一的同学们，你们现在刚开始学习初中知识，大家一开始都是1，请你们千万要小心，不要忽视了这0.01，一定要要求自己每天认真听讲学习，每天进步一点点。初二、初三的同学们，现在你们明白为什么上了初中之后跟以前的小学同学已经不在一个水平线上了吗？原因就是："积跬步以至千里，积怠惰以致深渊。"同学们，你每天进步的那一点点，真的很重要，37.8和1377.4的对比也在告诉我们，多百分之一的努力，就得千份收成。从心理学的角度来说，每天进步一点点我们就会对自己做出一个个小肯定，这会是一个良性循环，让我们不断收获能量继续前进。

二、槎中与你同进步

经过上一学期的努力，我们张槎中学也在每天进步一点点，发生着可喜的变化。借此机会我也让初一新生们了解我们的校园，让初二和初三的同学们再次回顾感受，学校的进步与你们是紧密相连的。

（一）校园配置新"进驻"

最直观明显的就是校园的一些变化，我们槎中是一所历史悠久的学校，在基础配置上已经有些"历史"了，所以我们的校园也在努力地一点点进步和改变。

（1）安全提升：进入校门时大家就能看到，原本我们是只有一个左右伸缩的铁栅栏，现在增设了车辆进出升降柱，有了双重保障，更加便捷、安全和规范。同时对左边的保安室、门卫室进行改造，规范了学校门卫管理要求。校园内还增设11个高清摄像头，为师生安全保驾护航。

（2）新增场室：校门右边新建了非常温馨的家校沟通的小会客室，可以方便教师们约谈家长，更好地关心到我们的每一个学生。

（3）设备改进：初三级所有班级都更换了教学平台。教学楼下方的外墙上配置了户外大型彩色的LED屏，为学校宣传和召开大型会议提供了保障。同时，大家也能看到，科学楼一楼正在重新修建中，不久之后呢我们就会拥有一个校园新礼堂了。

还有很多其他细节处的变化，比如校道两旁的植物我们也重新栽种了，给校园带来了新气象。

（二）各方成绩新突破

张槎中学有着龙狮精神，槎中自然也是"卧虎藏龙"的，我们有经验老道的名师，二三十年来，他们也在每天进步一点点，依然保持着优秀，在自己的教学领域中发光发亮；也有新进槎中的年轻力量，他们正在积蓄自己的力量，已悄悄成长为独当一面的教学能手。我们还有努力奋进的槎中学子，身怀十八般技艺的你们在槎中得到了最大限度地成长，相信大家也通过学校微信公众号看到了有体艺特长的学生暑期回校进行训练的照片，正是这样日复一日地刻苦训练，才能每天进步一点点，取得了不起的成绩。

今年中考，我们张槎中学2021届全体初三师生锐意进取、不负众望，中考成绩取得了本届学生历史性突破，实现本届最优成绩。高分段学生数量、整体综合成绩以及各学科优秀率等方面均取得了跨越式的突破，佛山一中上线人数达到了14人。在全市高手如云的竞争中，张之雨同学凭硬核实力，成功考进佛山一中的自主招生。闯进佛山三中自主招生前50名的有范凯瑞同学和黄芷晴同学，其中范凯瑞同学在自主招生考试中获佛山大市中取得第2名的优异成绩，而黄芷晴同学则是中考语文满分状元。同时，我们有96位优秀学生总分得分占中考总分80%以上，有75位同学上线提前批重点高中。初中三年时间，我们看到了他们绽放的青春，中考辉煌成绩，也见证了他们每天进步一点点的积累。

（三）槎中学子新面貌

成绩和德育是我们张槎中学的两面旗帜，成绩有进步的槎中学子们在行为习惯、精神面貌上也在每天发生着积极的变化。围绕建党百年教育系列活动，学校德育线干部领衔各班班主任为夯实德育美育，培养学生良好品质，在上学期开展了许多德育活动。其中"明规则，护安全"张槎中学一日常规学习等常规教育活动有效增强了槎中学子的规则和安全意识，帮助同学们以最佳状态投入校园生活；还有"童心向党""学雷锋月"等主题教育活动助力传承红色基因，使同学们能牢记"立学为民、治学报国"的责任和担当，努力践行"成为社会栋梁"的初心和使命。

因此，我们槎中整体面貌焕然一新，我们评选了"诚实守礼""自立自强""尊师孝亲"等多个类型的槎中"新时代好少年"，全悦余和李祖鑫还获得了2020年度禅城区新时代好少年称号。学生精气神提高了，学校自然也会正能量满满，槎中在上学期获得了以下荣誉，今年7月，我校还被评为广东省2021—2023年创建广东省文明校园先进学校，是佛山市禅城区唯一一所获此殊荣的初中学校。

除了这些闪亮的奖项，还有许多细节让我看到了我们的同学是当之无愧的槎中好少年。就在这个暑假，按禅城区疫情防控指挥部和学校的要求，需要统一接种新冠疫苗，我们同学在行政老师和班主任的带领下，能积极配合接种，让这一重要的防疫任务顺顺利利地完成。在这个过程中，我们能看到同学们表现得非常优秀，充分体现了我们槎中精神。你们知道教师们明明是假期休息时间却比你们更早站在入口等候，所以你们也能按时到达，依序接种；你们知道老师们一直站到最后，不曾休息，所以你们懂得跟老师说一句"老师辛苦了"。尤其是初一级新生们，虽然还没有班主任的带领，但依然能按要求做好，这是你们给学校交来的第一份满意的答卷，你们非常棒！

三、"双减"政策

有了一点点的进步，就会有改变，槎中在进步和改变，国家教育发展也在进步和改变，相信大家在假期都和家长关注到了这个暑期热点词"双减"。到底"双减"是什么？这里我要带大家对"双减"政策进行正确地解读。

（一）介绍"双减"政策

2021年5月21日，习近平总书记主持召开中央全面深化改革委员会第十九次会议时强调，义务教育是国民教育的重中之重，要全面贯彻党的教育方针，落实立德树人根本任务，充分发挥学校教书育人主体功能，强化线上线下校外培训机构规范管理。在7月24日，中共中央办事厅、国务院办公厅印发了《关于进一步减轻义务教育阶段学生作业负担和校外培训负担的意见》（下称《意见》）。

（二）正确看待"双减"

此刻同学们的内心是不是有按捺不住的狂喜啊？（PPT出示：你以为的"双减"是这样吗？耶！！！妈妈再也不用管我的学习了！Wow！以后可以很快做完作业"开黑"了！……）

我们的同学不要只从文字表面理解我们的国家政策，"双减"是为了合理调控作业结构，系统设计符合三个年级学生特点和学习规律、体现素质教育导向的作业。我们因材施教，也"因材"布置分层、弹性和个性化作业，从而减少机械重复的作业，提高学习效率。

我们还需要看到"双减"面对是什么？

第一，"双减"不是"少学知识"，而是要在一定时间内学习到相应的知识，这就要求提高学习的效率，在同学们高效掌握必备知识的基础上给同学们留出更多自主消化理解和探究学习的时间。

第二，"双减"不是只有"减"，国家"双减"绝不是为了让同学们虚度时光、贪图享乐的，而是为了要培养符合新时代发展的全方位人才。《意见》中指出，要在课后服务时间内，既可以由学校指导学生完成作业，或补习辅导答疑等，还可以开展丰富多彩的科普、文体、艺术、劳动、阅读、兴趣小组及社团活动。这其实也反映出国家对新时代学生培养有了更高、更全面地要求。

第三，"双减"下的这些不会减。中考生的人数逐年递增，"上高中线"

永远都是僧多粥少；素质教育水平不断提升，水涨船高，上线分数不会低，名校竞争只会愈加激烈；中考试题不断改革，对考生灵活性和创新性的要求越来越高；时代飞速发展，社会对人才要求的基准不断提高。习近平总书记说过："时代总是不断发展的，等你们长大了，生活将发生巨大变化，科技也会取得巨大进步，需要你们用新理念、新知识、新本领去适应和创造新生活，这样一个民族、人类进步才能生生不息。"因此，我希望我们同学的目光不局限于桌上的纸笔，不能只懂刷题、关起门来读书，我们当前正经历着人生中最美好、最值得去奋斗的岁月，要懂得合理利用自己的时间、规划自己的目标，每天进步一点点，将自己的命运与时代的命运相结合，珍惜时间去全面发展、实现人生价值。

四、"双减"政策下的我们应该怎么做

那么我们应该怎样应对"双减"政策、如何做到每天进步一点点呢？

以前，有些同学的思路是习惯性依赖"找后路"，什么意思呢，就是上课不认真听，作业马虎应付，下课就让家长去补习，总想着补课就能解决所有问题。殊不知，不走好"学习的前路"，你就永远都在"找后路"了。

现在呢，"双减"政策下来了，校外补习机构要停办，你该怎么办？现在我就给同学们提几点非常实在和有效的建议，我希望大家认认真真去听去做。

（一）面对"双减"政策，这件事你要马上去做：甩掉拖住脚步的包袱！

那么这个"包袱"是什么呢？就是你曾欠下的知识和不适合自己的学习方法。

1. 知识复盘

我们一是把自己欠下的知识慢慢补回来，二是要及时解决当堂、当天还没弄懂的难题知识点。"双减"政策下，我们的时间是充裕的，为了不让自己没法弄懂的知识点成为拖住自己进步脚步的包袱，我们就要学会寻"良师"，这个"良师"可以是我们的老师，也可以是我们身边的同学。

所谓"三人行必有我师"，有时候最好的"老师"就在身边。学会主动与

"老师"沟通，让"老师"指出自己学习方法上可能存在的问题，很多时候难点并不难，只是同学们没有想过要花时间和精力去弄懂它，把它晾在那儿，便成为一个总是学不会的知识点。高效学习就是要尽量少走弯路，不要让难题困住自己，越积越多，有问题，就大胆问。裴斯泰洛齐说过："今天应做的事没有做，明天再早也是耽误了。"所以，马上问！同样的，在学校里与我们相处最多的就是同学，我希望我们能有一个好的共同学习的氛围，共同受益。课后一起互帮互学，能慢慢感受到这是一个幸福的进步过程。

2. "除旧迎新"

苏炳添的视频就是在告诉我们，每天进步一点点，要学会"变"。

【热场互动】

（出示图片）很多同学都很聪明，已经找到了可以往左边绕过障碍物来走。虽然直接翻过障碍走也能到达下一步，但学会分析眼前现状，多思考，尝试找到更合适的方法，灵活变通，其实只需要走很少的路即可到达终点。

现在同学们可以自己好好反思一下，你有哪些学习方法用了很久都没有见效？比如，复习文科的时候，翻完整本书，却发现自己并没有记住多少，这种文科学习方法是低效的，就要换！老师教的思维导图、归纳理解记忆等方法要认真地去学去用，考试不难，关键在技巧，技巧不多，关键是要把握好。

（二）面对"双减"政策，这件事你要尝试去做：计划！

恩格斯说："没有计划的学习简直就是荒唐。"刚才我也多次提到了"计划"这个词，但很多同学可能又要问了：怎样做好计划呢？现在我教你。

8月28日晚上佛山市教育局和《南方日报》联合推出了一期"佛山市中小学心理健康教育线上讲座"，我也有看，其中提到的"SMART目标制定法"可以帮助我们制订好计划。（PPT出示方法介绍）

S：首先，你定下的计划必须是具体的，越详细越好。比如，"今天复习有关商品和商品经济的知识，进行背诵并默写"，而不是"今天要复习政治"。

M：既然计划是具体的，那必然也是可衡量、检查的。正如上文举例，定下了是4个考点，实际就是给自己立下了规矩，这样一种明确的衡量方式是为了实现有效地学习监督。

A：当然，你的计划要"量身定做"，老子有句名言是这么说的："企者不立，跨者不行。"意思就是说：想要踮起脚一下站得很高的人，反而站不住；想要迈很大的步子一下前进很快的人，反而走不远。比如"今天要花10分钟理解记忆4个政治考点"这就是不切实际的，等于是无效计划。

R：计划中的小目标之间最好相关，这是提高效率的有效方式。比如，在理解记忆4个政治考点之后，接下来该干什么？直接跳到做化学上去？那就失去了背政治考点的意义了。最好的做法是停留在政治上，比如做2道政治材料题，这样就能巩固考点。

T：也就是合理规划好时间进度。通常按照：基础—强化—冲刺把握自己的学习节奏，避免前松后紧、临阵慌乱。

（三）面对"双减"政策，这件事你不要忘记去做：身心锻炼！

"双减"政策下，大家在关注学习的同时也要合理安排好锻炼的时间。今年高考的语文作文就引用了毛泽东《体育之研究》中的话，体育的作用又一次引起了人们的关注，他本人就是个很重视体育的人。"到中流击水，浪遏飞舟"，湘江的激流锻炼了他强劲的体魄，"数风流人物，还看今朝"，长征的磨砺锻塑了他伟大的精神。从湘江到长江，从长征到解放，毛泽东不仅在青年时阐述了体育的功用，而且用一生的行动证明了行健自强的含义。

习近平总书记也说过："生活靠劳动创造，人生也靠劳动创造。你们从小就要树立劳动光荣的观念，自己的事自己做，他人的事帮着做，公益的事争着做，通过劳动播种希望、收获果实，也通过劳动磨炼意志、锻炼自己。""要把身心健康牢牢抓在手上，养成良好的生活习惯，经常参加劳动和体育锻炼，通过多种方式怡情养性；要敢于面对各种困难和挫折，自觉培养不畏艰难、顽强奋进的意志品质。"

尤其是在当前疫情下，我们的身体素质尤为重要。钟南山从小就喜欢运动，足球、篮球、跑步都有涉猎。他的百米跑用时最快时是11秒02，年轻时他举重的最高重量达到了200斤，他的卧推可以推到140斤。而这些记录，都是他在北京大学医学部读书学习期间参加学校运动会创下的几项纪录。

所以，同学们，"双减"政策给了我们时间去兼顾学习和锻炼，强身健体已然是我们青少年的责任担当：我们体质增强，才有未来国民的健康；我们强心健魄，才能民族自强。

（四）面对"双减"政策，这件事你要一直去做：坚持！

每天进步一点点中的"每天"就在告诉我们，不管是学习还是锻炼，有了计划就要有坚持。

【热场互动】

接下来我再举一个运动员的例子来告诉大家坚持的意义，也让大家猜一猜放松一下吧：

5次NBA总冠军

2次总决赛MVP

4次全明星赛MVP

2016年他在退役最后一战上拿了60分

在2020年离开了我们

没错，他就是我们很多同学的偶像——科比。科比是球场上身披紫金战衣的王者，然而，真正让科比成功的原因，并非他的天赋，而是他的坚持！

1996年NBA选秀中，科比在第1轮第13位被夏洛特黄蜂队选中。翻开1996年NBA选秀前关于科比·布莱恩特的球探报告大概是这样写的：身高1.96米，臂展2.01米，手掌20厘米，站立摸高2.58米，原地弹跳92厘米，助跑弹跳1.08米等等一堆数据表格，然后，底下还顺带了一句——拥有职业球员的成熟度，但投篮选择还有待考虑。曾经有一个记者问科比·布莱恩特："你为什么能如此成功？"科比竟然反问道："你知道洛杉矶每天早上4点钟是什么样子吗？洛杉矶早上4点时满天星星，寥落的灯光，行人很少；而我已经起床行走在黑暗的洛杉矶街道上。一天过去了，两天过去了，十多年过去了，洛杉矶早上黑暗的街道没有丝毫改变；但我却已变成了肌肉强健，有体能、有力量，有着很高投篮命中率的运动员。"就是如此地坚持，才使科比成了众多球迷的信仰。

古语有言：不积跬步，无以至千里；不积小流，无以成江海。有些同学可能可以做到一开始的坚持，却在坚持了一段时间后轻易放弃。如果做不到坚持，请回看到我之前说的1.01和0.99的例子，如果你只是进步了三天，又倒退2天，那么其结果会少于一开始的1.01。好不容易坚持努力了一年，如果中途又懈怠，那将亏空了之前积累的千份。

五、小结

讲了这么多，现在来做一个回顾小结：把遗漏的知识补回来，换一种适合自己的学习方式，才有机会进步，而有计划就能一点点进步，有了坚持就能每天进步一点点。这依然是我今天要说的主题，希望大家能真正理解并做到。

【结尾寄语】

那么最后，我想再对初一的同学们说，愿你们能从刚到槎中的懵懂无措，逐渐走到从容自信，让自己的初中三年成为人生路途中值得留恋的亮丽风景线。初二的同学们，你们已经在槎中收获了一年的成长，槎中是片催人奋进的沃土，行至中路，希望你们能像"苏神"一样每天进步一点点，在接下来的努力中继续成长。初三的同学们，"长风破浪会有时，直挂云帆济沧海"，你们已在槎中顺利航行了两年，此时正浪高，你们必将以勇气鼓起船帆，以毅力握紧船桨，以积累三年的"点点进步"破浪前行！

同学们，你们是生在红旗下、长在春风里的孩子；是祖国的未来、民族的希望；是实现第一个百年奋斗目标的见证者，又是为第二个百年目标而奋斗的社会主义接班人。希望你们能牢记习近平总书记的亲切勉励和殷切嘱托，扣好人生第一粒扣子，筑牢理想信念、学好知识本领、锻炼健康体魄，争做德智体美劳全面发展、担当民族复兴大任的时代新人！

在槎中，一起向未来！

——2021—2022学年第二学期思政第一课教学设计

可爱的各位同学，可亲的各位老师，大家早上好！

我非常开心看到我们槎中大家庭平安返校，齐齐整整地一起迎接新年新学期。我以槎中大家长的身份先给各位老师、同学说声：春暖福来，虎年快乐！

一、导入

大家也能在大屏幕上看到，"一起向未来"，一定感到熟悉吧？是的，这是北京2022年冬奥会和冬残奥会的主题口号，传达出团结和集体的力量。这股力量来到了我们槎中，让我们，"在槎中，一起向未来"，这是我此次讲话的主题，更是我对大家的祝福与期望！

二、中国的过去一年

2021年，是建党100周年，是新中国恢复联合国合法席位50周年，是"十四五"开局之年。下面有一个小视频，让我们一起来回顾2021年。

通过视频，我们可以看到，面对世界疫情和复杂变局，面对"世界怎么了、我们怎么办"的时代之问，我们伟大的祖国在党的引领下向人民交出了一份满意的答卷。习近平总书记说："我们实现了第一个百年奋斗目标，在中华大地上全面建成了小康社会，历史性地解决了绝对贫困问题。"同学们，贫困问题可是最难啃的"硬骨头"啊，我国脱贫攻坚战取得全面胜利，正是创造了一个彪炳史册的奇迹！2021年也堪称"中国航天年"：中国首个火星探测器天问一号绕火成功，祝融号火星车成功驶上火星表面，中国人首次开启空间站生活，首颗太阳探测卫星成功发射。这些都是备受世界瞩目的大事、喜事、好事。这份答卷离不开全国人民的共同奋斗：新冠病毒的"硝烟"仍在弥漫，无数的白衣天使从未停止逆行而上；多地洪水泛滥，抗灾英雄们立即冲锋最前线；东京奥运赛场上，中国健儿们不负期望热血拼搏；他们的名字熠熠生辉，是英雄，是光荣，是榜样！

三、槎中的过去一年

在过去的一年，国家在进步，我们槎中也在进步，2021年是槎中实现"追求卓越，成为卓越"的关键年，学校的发展进步大家都有目共睹，成果共享。这是我们共同记录在2021年的笑脸；学校还将爱带给了退休教职工，不忘每一位辛勤付出的槎中人，我们更有情怀了！

去年，学校改造了校门口出入系统和快递室、保安室、接待室，修建了科学楼首层的多功能会议室；教学楼加装LED屏；校园各处的新升级给我们提供了便利，带来了幸福感。初一、初二的孩子们一定更有体会，学校仅用一个周末的时间给了你们一个大惊喜，让所有的教室都装上了一体机。在上学期，为落实"双减"政策，全校开展晚自习，当你们坐在教室里做作业时，值日老师坚守在教室外，当你们放学归家时，他们无论风雨严寒都会守护至最后一个孩子坐上公交。这样的槎中大家庭真的很温暖，我们更幸福了！

带着幸福而奋斗的我们也取得了全面进步，我们有文武少年、科技创新少年、民乐舞蹈少年，还有田径运动少年！师生获奖累累，学校荣誉接连不断。老师们、同学们，我们更优秀了！

我为你们而骄傲！我们槎中，正在每天进步一点点！

四、2022年关键一年

寒辞去冬雪，暖带入春风。2022年又是新的开始，是第二个百年的开局年，习总书记说，中国"正在意气风发，向着全面建成社会主义现代化强国的第二个百年奋斗目标迈进"。我们每一个槎中人都应参与进去，跟着国家步伐，保持每天进步一点点，每年跨上一台阶，一起向未来。

那么，我们该如何做？我想在这里用中国女足和冬奥00后的例子跟同学们分享，请同学们试着写下一些关键词，这些可都是绝佳的写作素材哦。

五、中国女足

大家一定都记得2月6日晚，那一夜的中国女足，拔剑扬眉、披荆斩棘，夺得亚洲杯冠军；那一夜的我们，都在为中国女足喝彩！她们用行动诠释了"巾帼不让须眉"！同学们可知道，中国女足曾10次晋级决赛、8次夺冠，但上一次夺冠是2006年，也就是说，她们是时隔16年再登亚洲巅峰！我们难以想象中国女足是在怎样的困境下跌跌撞撞地走过这16年，但我们永远可以相信女足姑娘，因为她们捧起的第9个女足亚洲杯冠军正告诉着所有人：她们，永不言弃！

在此之前的2月3日半决赛，中国女足对战日本女足，要知道日本女足可是亚洲女足的旗帜，日本女足把女足世界杯冠军、女足世青赛U17和U20世界杯冠军全部收入囊中，并在2018年夺取世青赛U20世界杯冠军之后，成为世界上第一支包揽各年龄段冠军的女足队。当下的世界排名，日本女足第13位，而中国女足是第19位。当天，中国女足还面临着王霜等多名球员因伤缺阵的不利情况，在两度落后日本、精疲力竭之时，女足姑娘们仍不放弃，两度追平，通过点球晋级决赛，掀翻志在卫冕的日本女足，并成功获得2023年女足世界杯入场券。这就是她们的永不言弃！

当时，亚足联官网就以"努力创造9冠历史"为题盛赞中国女足并期待决赛。在2月6日晚的决赛，与半决赛相似的是，上半场中国队0比2落后韩国队，但那股"不放弃"的劲儿一直都在。于是，下半场唐佳丽和00后小将张琳艳4分钟内连进两球强势扳平比分，再由肖裕仪逆转绝杀，以3比2翻盘夺冠，时隔16年，她们不负众望地做到了！这就是她们的永不言弃！

夺冠后，00后小将张琳艳手持国旗含泪接受采访，她说："我们去年也经历了很多事情，这也是一支新的队伍，现在是新的团队，目标就是夺冠！"这番话隐含着中国女足这些年来的不易与艰难，也隐含着她自己的永不言弃。张琳艳12岁入选国家女足少年队，那一年，她第一次在世青赛U14中展露超强实力，并获央视体育频道《足球之夜》专访，小小年纪的她在采访中说自己的偶像是女足最强的孙雯，但她要超越孙雯，她还希望将来能够带领中国女足登上世界之巅，取得世界冠军，将金杯带回中国。为着这个目标，她跌倒过无数次，也重新站起来无数次。她未满18岁就入选成年国家队，但频繁"跳级"给张琳艳带来的除了机遇，还有伤病。身高只有1.54米的她在场上总是"以小打大"，面对身体力量远超自己的对手，她总是受伤。此前她因为严重的伤病而长时间远离赛场，但这并没有使她放弃，她说："就当是给自己一个沉淀的机会，在恢复身体的同时，也可以仔细去思考不足在哪里"，"我还年轻，这种挫折早出现比晚出现好"。曾经有很多人给她泼冷水，说她这样的身体到成年就踢不下去了，可张琳艳偏不信，从不言弃，一直坚持到现在。也是这股"不放弃"的劲头，让张琳艳在去年的女甲联赛中成为最佳射手。如今，她已成为公认的"孙雯接班人"，成功把自己活成了偶像！未来，也必将超越偶像！

同学们，这就是中国00后该有的模样，这让我们再次想到东京奥运会上的中国00后小将们，上学期开学典礼大家玩了竞猜小游戏，现在我再来让大家猜一猜冬奥会的00后。

六、冬奥00后志愿者

除了赛场上的00后，在冬奥会的各处都活跃着00后的身影。此次冬奥会的一大批志愿者都来自00后，中国网还特地推出《00后：我在冬奥现场》系列报道。

七、冬奥00后设计师

大家还记得冬奥会开幕式最后出现的主火炬造型是什么吗？对的，是一朵璀璨夺目的雪花。这朵雪花，设计了整整三年，整个点火环节，堪称是科技美学的创新，它兼具了科技的魅力和东方的幻想。大家猜猜这一系列的设计都来自谁？是有几十年设计经验的专家大师吗？不是。其实主创设计师多数都是00后，他们把一些数字化的可视化编程手段运用到了团队的设计和制作过程中，用中国结和橄榄枝，编织成了那朵雪花。同学们，这也是你们在面对未来时该有的创新与胆量。

无论是冬奥会的00后运动员、志愿者、设计师还是中国女足姑娘，他们身上的精神都告诉我们：只有永不言弃，才能"不言败"；只有创新敢为，才能有所成；只有努力奋斗，才能出奇迹！

八、电影《奇迹·笨小孩》

谈到"奇迹"，相信同学们会第一时间想到还在热映中的一部贺岁片吧？没错啦，就是《奇迹·笨小孩》。（PPT出示对比图）看着图片，大家思考一下，20岁的景浩从艰辛生活为妹妹筹手术费到给妹妹幸福安乐的生活、从数次向瞧不起他的李经理恳求机会到自信满满地站在聚光灯下、从开破旧工厂到成为光鲜帅气的年轻CEO，在这段奇迹经历中，同学们发现了他的升级秘籍吗？

本片导演说："奇迹就是面对困难永远不放弃，相信自己能够追求到心中的幸福，其实对每个人来说，奇迹的背后都是奋斗。"是的，不驰于空想、不骛于虚声的奋斗精神就是深藏于个人成功的攻略秘籍。

九、新学期的期望要求

同学们，请你们说说我刚才都提到了哪些关键词？你们又写下了哪些关键词呢？希望通过这些事例分享，这些关键词真的能刻在你们的心里，做到如习近平总书记新年贺词中所说的那样："踔厉奋发、笃行不怠，方能不负历史、不负时代、不负人民。"

同学们，此刻，我们站在新的起点上，也是行在我们的征途中。习近平总书记在考察冬奥工作时说："很多人十年磨一剑、五年磨一剑。人生能有几回搏，抓住这个时机去成就自己，你们很辛苦，但是这个拼搏是值得的，祝你们取得好成绩。"我们在槎中三年磨一剑，只要我们永不言弃、不懈奋斗，就必将取得好成绩！

老师们，在2月8日，《教育部2022年工作要点》正式发布，每位槎中教师也应找准定位，相互扶持鼓励，一起幸福出发！

十、结尾新年祝福

最后，我借习近平总书记在春节团拜会上的话给大家送上祝福。"我们要以虎虎生威的雄风、生龙活虎的干劲、气吞万里如虎的精神，继续书写中国特色社会主义伟大事业的历史新篇章！""中国做好了准备，让我们一起奔向未来！"我在此希望：我们全体槎中人，也将以我们的槎中底气大声地说出，槎中做好了准备，与祖国一起奔向未来！虎年！冲冲冲！2022！槎中定有奇迹！

十一、最后抽奖

谢谢各位，你们以为就这样结束了吗？惊喜总是在最后的，为了鼓励上学期保持优秀的班级，我现场给你们派红包哈！大家在我说出"新年快乐"的时候一起喊出红包口令，红包就会自动翻开，来，一起来：新年快乐！"虎年槎中冲冲冲！"

"疫"路同心

——疫情停课线上见面会

一、背景

一场疫情，让2022年的开学变得与众不同，在这场疫情中，我们看到了很多勇于担当责任的人，因为承担责任是每一个人应尽的义务，也是人存在的价值。响应"停课不停学"的号召，会以本次疫情为背景，开展在线班会课，与学生一起探讨责任这个话题，借此培养学生的公民责任意识，引导学生树立正确的价值观、承担自己的社会责任。

二、教学目标

（1）通过对中国抗疫政策的分析，让同学们对我国的抗疫行动有更深入地了解，提升学生的民族自豪感；

（2）通过对【年轻的力量——逆行之人】的了解，同学们产生共情，思考"逆行之人"的人生观，世界观和价值观，思考以后想成为怎样的人；

（3）激发学生的感恩之心和爱国之情，让学生思考如何做到守土有责、守土担责、守土尽责，让学生认识到如何尽自己的责任为疫情贡献一分力量。

三、课前准备

班会教案，课件，视频，图片

四、活动流程

1. 关于抗疫——我国疫情政策和形势

刚刚圆满闭幕的北京冬奥会，让全世界都看到了疫情过后不一样的中国，特别是通过各国运动员的自拍和采访等，让全世界都见识到了中国科技、中国美食、中国文化以及中国的大胸怀与大担当。特别是北京冬奥会的"一起向未来"的主题，以及与之匹配的全球疫情防控和环境保护等方面，中国都做出了努力、实践和表率。

【设计意图】

通过视频和回顾，让学生们了解到抗疫之所以能取得巨大成功，是因为我们的背后有强大的国家，同时认识到居家网课的原因。

环节一：说说你身边的抗疫偶像

疫情肆虐，英雄挺身而出。在这个英雄群体中，有一员女将分外引人注目。她就是73岁的科学家李兰娟，中国工程院院士，国家卫健委高级别专家组成员。70多岁的李兰娟院士每天只睡3小时，带领团队为研制特效药品而不寐；她说，这次疫情结束后，希望国家给青年一代树立正确的人生导向，让青年一代树立起正确的人生观和价值观。少年强则国强，只有正确的舆论导向、舆论宣传，才能让孩子们知道谁才该是偶像，应该追什么样的星。

疫情当前，许多人响应号召"宅"在家里，为快速阻断疫情做出自己的贡献。是谁让社会的基本功能继续运转？是谁在维持我们的衣、食、住、行？

教师引导学生回答：及时做好卫生清扫、废弃口罩回收工作的环卫工人，不畏风险的小区消毒人员，保持人们日常生活需求的超市工作人员，护送医护回家的滴滴司机，四处奔波的快递人员和外卖小哥，各个路口检测体温的保安……

【设计意图】

让学生意识到，我们的生活之所以可以正常进行，有赖于各行各业默默无闻的"逆行者"。

环节二：展示年轻的90、00后抗疫力量

在抗击疫情的救治一线，有他们；在最危险的隔离病房和重症监护室，有他们；在社区防疫一线，有他们；为复工复产保驾护航，依然有他们，在疫情防控的各个环节、在发射场的试验队里、在紧张作业的科研生产现场……年轻的脸庞朝气蓬勃，青春的力量一往无前。中国青年人，用实际行动诠释航天青年的责任与担当，为打赢疫情防控阻击战和科研生产攻坚战贡献着无限的青春活力……谁说他们只顾着追求自我，谁说他们没有责任担当，在此次抗击疫情的大考中，他们用行动证明：国之栋梁正在崛起，青年一代未来可期！

环节三：你想成为怎样的人

同学们，十七年前，非典暴发；如今，新冠肺炎肆虐，当年的学生走上前线，建设中国抗疫的血肉长城，他们的职业不分尊卑，无存轻重，唯见光荣。

请大家试想一下，十七年后，国家与民族的未来就将担负于你们的肩膀，那么，你们想做什么，想怎么做，想做出怎样的结果？你们是否也愿意在国难燃眉时挺身而上，是否也愿意忘记个人安危，家庭温暖，奔赴纵然没有刀光剑影但依然艰险困苦的战场？

【设计意图】

引导同学们思考人生的价值和意义，思考以后想成为一个怎样的人？体会职业操守和使命，"舍小家，为大家"的大义之情。让学生对"责任，使命，大爱，信仰"的内涵有了更深刻地认识；大灾面前有大爱，岁月静好中总有人为我们挡风遮雨，负重前行。他们的勇往直前是对"疫情不消，我们不退"最朴素的诠释。

2. 责任担当——我们能为疫情做些什么

环节四：议一议"疫情当前，我们能做什么？"

（1）每日自觉完成核酸检测和自我健康管理上报！不给国家添麻烦，这是每个公民的责任和义务。

（2）牢记防疫54字原则，注意劳逸结合，做好个人防护，锻炼好身体，增强自身的免疫力，这也是为国家战胜疫情助力！

（3）建立一个良好的生活秩序，居家学习不松懈，严于律己，争取实现弯道超车！

（4）在疫情压力下，同学们可能会出现焦虑、恐慌、愤怒和烦躁等各种不良情绪，坦然面对情绪变化，理解和接纳负面情绪。重要的是做好心理调适、调整心态、积极应对、学会求助，获得支持！

【设计意图】

国家和民族需要英雄，但英雄也是平凡岗位上平凡的一员，未来建设需要我们年轻一代的专业知识、专业能力。疫情当前，我们最重要的就是做好学生本职工作，不给国家添麻烦就是为战胜疫情助力。（PPT第16～23页）

3. 总结：勇担责任，信仰同行

同学们，这节课即将结束。教师以习近平总书记勉励新时代广大青年的期许结尾，"青年兴则国家兴，青年强则国家强，青年一代有理想、有本领、有担当，国家就有前途，民族就有希望"！愿你们勇担责任，与信仰同行，成为敢说真话，勇挑重担，专业一流，对社会有贡献的人！

《公平正义的价值》教学设计

课题	8.1公平正义的价值	单元	第四单元	年级	八年级下册	授课人	董蔚
学情分析	学生：根据皮亚杰认知发展理论，初二学生具备抽象思维能力，能够理解抽象的定义和概念，具备理解公平、正义这两个抽象概念的能力。并且该班学生不久前参与"中考加油"的活动，对于中考和高考的价值与意义有所了解，初步有了读书改变人生的价值取向。初二学生处于人生价值观念形成的关键期，对于公平正义的认知并不全面，没有一个清晰的定义和认知，而日常生活中不时会面对"不公平"和"不公正"现象。所以，在教学过程中，通过对案例的分析和对公平正义的学习，帮助学生树立公平正义的社会意识，学会正确分析生活中的"不公平"和"不公正"现象 教材：本框所处的单元是八年级下册这一法治专册的逻辑升华，也是法治教育的落脚点。本册前三个单元是以知识为载体进行法治的渗透教育，而本单元要引导学生切身体悟法治的价值追求。而法治的价值追求正是尊重自由平等，维护公平正义，本单元自由、平等、公正是社会主义核心价值体系的具体体现，所以本单元对于树立学生公民意识和法治观念，推动社会主义核心价值观进入课堂、融入生活有着重要的作用。本单元的主体设计是以法治为视角去帮助学生理解自由、平等、公平、正义等概念的内涵，并且引导孩子在实际生活中努力践行自由平等，力所能及地维护公平正义，真正树立法治信仰、践行法治精神。本框的是"公平正义的价值"，本框共安排两目的内容：第一目"认识公平"通过本目的学习让学生明确公平通常指人们基于一定标准或原则，处理事情合情合理、不偏不倚的态度或行为方式。知道公平对个人和社会两个层面的重要性：它是个人生存和发展的重要保障；它是社会稳定和进步的重要基础。第二目"正义的力量"通过本目的学习让学生明确正义的内涵是指有利于促进社会进步、维护公共利益的行为，从而学会区分什么是正义的行为、什么是不正义的行为。知道正义的要求并且理解正义的价值和重要性。可以看出两目的编排都大致一样，先讲概念的定义内涵再讲概念的价值，并且公平的价值和正义的价值是由有所重合的，可以把其合并起来讲解，能够让学生更好理解公平正义的价值。并且由于公平、正义这两个概念是法治的价值追求，讲授时应当体现法治与这两个概念的关系，从而引导学生更好理解法治的价值。本次教学设计将以高考作为切入点，引出学生对于教育公平和高考顶替等问题的探讨，从而帮助学生理解公平正义的价值

课题	8.1公平正义的价值	单元	第四单元	年级	八年级下册	授课人	董蔚

学习目标	核心素养：政治认同：通过高考制度的改革和高考顶替案的讲解，让学生了解到读书和高考这一公平正义的上升通道，以及了解国家对高考制度这一公平正义的上升通道的维护和对教育公平的关注，从而增强学生对于我国制度认同感，培养其追求公平和正义的价值观念，深化对社会主义核心价值观的认识 法治观念：通过给学生讲解公平正义的内涵和价值，从而更好地理解法治的价值追求和意义，能够培养学生的法治观念，有助于他们形成维护公平正义的意识和法治信仰，做社会主义法治的忠实崇尚者、自觉遵守者、坚定捍卫者 健全人格：在结尾升华部分的教师寄语，鼓励学生积极学习通过高考这一公平、正义的上升通道来改变命运，从而帮助学生形成更加健全的人格和价值观念 三维目标： 1.知识目标：理解公平和正义的内涵；知道公平和正义的价值和意义 2.能力目标：学会区分正义和非正义的行为。通过对教育公平和高考顶替案的探究，提升学生辩证思维能力和解决问题的能力 3.情感、态度、价值观目标：正确理解公平、正义的内涵和价值后，形成对公平、正义的价值追求，增强学生的法治观念。树立读书改变人生的价值取向，激发学生的学习热情，提高学生对于我国教育制度的认同感
重点	公平和正义的含义
难点	公平和正义的价值和意义

《国家好大家才会好》教学设计

课题	国家好大家才会好	单元	第四单元	学科	道德与法治	年级	八年级
学习目标	情感态度和价值观目标	树立正确的国家利益观，增强维护国家利益的责任感和使命感					
	能力目标	正确认识国家利益与人民利益之间的关系，提高辩证思维能力；概括什么是国家利益及国家生存和发展的条件，提高概括能力					
	知识目标	了解国家利益的内涵和外延，知道国家核心利益的基本内容；理解国家利益与人民利益的关系，懂得国家利益是人民利益的集中表现					
重点	认识国家利益；增强对国家利益内容的认识，自觉维护国家利益						
难点	认识国家利益和个人利益之间的关系						
学法	自主学习，案例分析法，合作探究法			教法	创设情境，讲授法，多媒体教学		
教学过程							

教学环节	教师活动	学生活动	设计意图
课堂导入	设疑： 2011年，利比亚暴发大面积骚乱，不法分子对外籍企业进行打砸，大量在利比亚外籍企业都受到了冲击，骚乱引发为政治冲突，中国籍员工的财产安全和人身安全受到了威胁 撤离方案之一是从陆路走到埃及，到达埃及后，发现整个全境全封闭，边境上有很多难民，人多混乱，很多人的护照都不见了，人也冲散了 思考：假如你是其中的一名撤离者，你怎么证明你是中国人？	思考	设疑导入引发学生思考个人与国家的关系做好铺垫

教学过程			
教学 环节	教师活动	学生 活动	设计意图
讲授新 课过渡：	播放视频《利比亚撤侨者讲述经历》 提问： 1.你觉得对待祖国，我们应该怀有怎样的情感？ 2.国家利益和个人利益有何关系？ 小结： 　1.我们对祖国的情感 祖国是成长的摇篮，对伟大的祖国，我们每个人都怀有最深厚、最纯洁、最高尚、最神圣的情感，决不允许它的荣誉和利益受到亵渎和损害 事件中，人可以撤离，但中方在利比亚有大量的投资项目和设备是搬不走，撤离不了的 材料：合同搁浅、项目停止、驻地遭袭、大规模撤侨等，利比亚局势动荡给中国企业带来的损失显而易见。据相关专家估计，中国近200亿美元资金在利比亚利益洗牌中"打水漂"。据有关方面估计，仅央企在利比亚投资方13家，中国铁建股份有限公司在利比亚有3个工程总承包项目，合同总额42.37亿美元，已完成6.86亿美元。其余只能因乱暂时停置，包括不能运走的全部原材料和设备设施 思考：（1）利比亚内战，损害了中国利益吗？什么是国家利益？它有何重要性？ （2）国家除经济利益外，还有哪些利益？ 2.国家利益 含义：一个主权国家在国际社会中生存和发展需求的总和 作用：关系民族生存、国家兴亡 内容：安全利益、政治利益、经济利益、文化利益等 材料分析利比亚战争的原因： 1.利比亚目前在世界上是一个比较富裕的国家，主要是生产石油，还蕴藏有大量的天然气。这是多国部队攻打利比亚的主要原因 2.利比亚虽然富裕，可是国家的军事力量相当落后，多国部队用先进的武器去攻打它时没有还手的能力	观看视频、思考、各抒己见 小组讨论并从课本中找出相关概念 归纳小结，并做好相应笔记 并进行知识小结 思考	培养学生自主学习能力，分析能力 旨在让学生有所感悟，直观感受国家与公民个人的关系 结合直观的材料，分组学习讨论，引发学生思考，提高学生自主学习，解决问题的能力，加深对知识理解记忆。通过利比亚的内战，让学生体会维护国家利益的重要性 梳理知识点，让学生思路清晰，更好掌握知识点 运用统一案例材料多方面激发学生的思维，引导学生灵活运用所学知识点

续 表

教学过程			
教学环节	教师活动	学生活动	设计意图
讲授新课过渡：	思考：这场战争给我们的启发？ 启示：石油是利比亚的命脉，是国家的核心利益，谁控制石油的开采权，谁就能控制这个国家 小结 3.国家核心利益 国家的核心利益包括国家的主权、国家的安全、领土的完整、国家的统一、宪法确定的国家政治制度和社会大局的稳定、经济社会的可持续发展的基本保障 例如： （1）美方尤其要恪守承诺，慎重、妥善处理例如台湾、西藏等涉及中国核心利益的问题 （2）香港稳定繁荣是香港的核心利益，更是中国的核心利益 （3）钓鱼岛是中国的"核心利益" （4）中亚地区的和平与稳定涉及中国的核心利益 回顾欣赏视频：利比亚撤侨者讲述经历 思考：国家利益和个人利益有何关系？ 视频观赏：撤侨的背后 思考1：百年前的中国人民在自己的土地上备受欺凌，而今天祖国可以从任何一个地方接我们回家，你有何启示？ 1.国家利益和人民利益相辅相成 在我们国家，国家利益反映广大人民的共同需求，是人民利益的集中表现。国家利益至上，人民利益高于一切，二者相辅相成 思考2："把人民利益放在高于一切的位置上"与"国家利益至上"矛盾吗？为什么？ 不矛盾。国家利益与个人利益在根本上是一致的。在我们国家，国家利益反映广大人民的共同需求，是人民利益的集中表现。国家利益至上，人民利益高于一切，二者相辅相成 思考3：仅靠个人的力量能够安全撤离吗？这说明了什么？ 撤侨的背后：中国政府通过海、陆、空三种方式从利比亚撤离我驻利比亚人员："徐州号"护卫舰赴利比亚执行保护任务，中国首次动用军事力量撤侨，空军也派出四架伊尔-76飞	小组思考总结	通过具体例子的补充讲解，帮助学生更好理解国家核心利益的体现 运用100年前后的历史对比，使学生深刻体悟只有国家好，公民才能好，只有国家的利益得到维护，公民的利益才能有保障

教学过程			
教学环节	教师活动	学生活动	设计意图
讲授新课过渡：	机飞赴利比亚执行护送中国在利比亚人员 从视频中得到启发：人民利益的维护离不开国家 2. 人民利益需要国家利益维护 人民利益只有上升、集中到国家利益，运用国家的工具，才能得到真正地维护。国家独立自主、繁荣富强，国际地位不断提高，人民的生活就充满希望，内心就感到自豪和骄傲 撤侨的背后思考3：在此次撤侨中，除了感谢祖国，还要感谢英勇的解放军，还有哪些人为我们美好生活、为国家的发展贡献着平凡的力量？ 3.国家利益需要人民奋斗来实现 国家利益只有反映人民利益，依靠人民艰苦奋斗，才能得到真正地实现。每个人在自己平凡的岗位上辛勤劳动，推动着国家发展和社会进步 4. 国家利益与人民利益是高度统一的 实现中华民族的伟大复兴，就是中华民族近代以来最伟大的梦想。这个梦想，凝聚了几代中国人的夙愿，体现了中华民族和中国人民的整体利益，是每一个中华儿女的共同期盼。 　　　　　　　　　　——习近平 国家利益与人民利益是高度统一的 实现中华民族伟大复兴最鲜明的特点，就是将国家和人民视为一个命运共同体，将国家利益和人民利益紧密联系在一起 课堂小结：国家利益关系民族生存、国家兴亡。国家利益与人民的切身利益息息相关。维护国家利益最终受益的是广大人民群众。所以我们每个人都要努力做到无论何时何地都要坚决维护国家利益		通过连环问题的步步深层设问，层层深入，激发学生树立正确的国家利益观，增强维护国家利益的责任感和使命感 课堂上渗透习近平总书记新时代中国特色社会主义思想

《踏上强国之路》教学设计

一、习近平新时代中国特色社会主义思想在本课的体现

习近平新时代中国特色社会主义思想，明确新时代我国社会主要矛盾是人民日益增长的美好生活需要和不平衡不充分的发展之间的矛盾，必须坚持以人民为中心的发展思想，不断促进人的全面发展、全体人民共同富裕；明确全面深化改革总目标是完善和发展中国特色社会主义制度、推进国家治理体系和治理能力现代化。

二、核心素养

本课时通过讲述改革开放的发展历程，展示了党领导人民通过不懈努力过上美好生活，同时采取各项措施促进城乡、区域协调发展，实施乡村振兴战略，实现共享发展等，侧重培养学生的政治认同素养和公共参与素养，引导学生了解我国发展现状，自觉增强民族自豪感和荣誉感，在实践创新中增长才干，成为社会主义事业的合格建设者和可靠接班人。

三、学习目标

（1）通过知识梳理和当堂测试，掌握基础知识，明确考试方向。

（2）通过剖析典型例题，初步掌握图表类和材料分析题的解题技巧。

（3）通过当堂练习，巩固知识点，提升解题能力。

四、教学重、难点

改革开放、共享发展。

五、教学过程

当堂小测5~8分钟。

环节一：抓主干　明考向

教材链接	考点	课程标准（2011年版）	明方向
九上第一课	改革开放		①频次：5年2考（2018.21，2016.23） ②设题素材：常规素材、重要文件 ③题型：单项选择题为主 ④设问类型：说明
	共享发展	◎了解全面建成小康社会的奋斗目标。知道促进城乡、区域协调发展是实现全面建成小康社会奋斗目标的一项重要要求	①频次：5年4考〔2020.23（2），2019.24，2017.20、22，2016.25〕 ②设题素材：热点材料、图表、脱贫成就、重要文件 ③题型：单项选择题、非选择题均有考查 ④设问类型：原因、说明、意义、认识

以思维导图的形式梳理知识，帮助学生再一次构建知识架构。

环节二：理考点　剖典型

1. 理考点：以小组竞赛形式，梳理核心知识和易错易混淆点。（用时8分钟）

（1）改革开放的重要性：

① 坚持改革开放，是我们的强国之路。只有改革开放，才能发展中国、发展社会主义、发展马克思主义。（P5阅读感悟）

② 改革开放是决定当代中国命运的关键一招（抉择），也是决定实现中华民族伟大复兴的关键一招。（P5阅读感悟）

③ 改革开放是当代中国最鲜明的特色。改革只有进行时，没有完成时。

（P11）

④改革开放是中国和世界共同发展进步的伟大历程，不仅深刻改变了中国，也深刻影响着世界。（P7）

⑤改革开放是党和人民大踏步赶上时代的重要法宝，是坚持和发展中国特色社会主义的必由之路。（摘自习近平总书记在改革开放40周年大会讲话）

（2）一百多年来中华民族矢志不渝的奋斗目标

强国富民；党的奋斗目标：人民对美好生活的向往。

（3）中国共产党人（改革开放）的初心和使命

为中国人民谋幸福，为中华民族谋复兴。

（4）社会主义的本质要求是解放和发展生产力

中国特色社会主义最本质的特征是中国共产党的领导。

社会主义民主政治的本质特征是人民当家作主。

爱国主义的本质：坚持爱国和爱党、爱社会主义高度统一。

（5）全面深化改革的总目标：完善和发展中国特色社会主义制度，推进国家治理体系和治理能力现代化。

（6）进入新时代，我国社会主要矛盾已经转化为人民日益增长的美好生活需要和不平衡不充分的发展之间的矛盾。

（7）中国特色社会主义的根本原则是共同富裕

发展的根本目的是增进民生福祉。

创新的目的是增进人类福祉。

（8）我国经济已由高速增长阶段转向高质量发展阶段。（P10）

（9）党和政府坚持以人民为中心的发展思想。（P11）

（10）经济建设是当前我国一切工作的中心（首要任务）。发展是解决所有问题的关键。

2. 剖典型：结合时政要点，剖析典型例题。（用时15分钟）

例题1

材料一：2020年8月26日是中国深圳经济特区成立40周年纪念日。1980年，深圳GDP约2.7亿元人民币；2019年，深圳GDP近2.7万亿元人民币，仅次于上海、北京，位列全国第三，与1980年相比增长了1万倍。从一个海边渔村崛起为国际大都市，深圳发生了翻天覆地的变化。深圳经济特区的成功，是中国积极探索中国特色社会主义道路的一大成果，为中国的改革开放和现代化建设积累了宝贵的经验。

材料二：新华社2020年9月21日电，日前，国务院印发《中国（北京）、（湖南）、（安徽）自由贸易试验区总体方案》和《中国（浙江）自由贸易试验区扩展区域方案》（以下统称《方案》）。《方案》指出，在北京、湖南、安徽设立自由贸易试验区，扩展浙江自由贸易试验区区域，是党中央、国务院作出的重大决策，是新时代推进改革开放的重要战略举措。以开放促改革、促发展、促创新，把自贸试验区建设成为新时代改革开放新高地。要赋予自贸试验区更大改革自主权，深入开展差别化探索，加大开放力度。

探究一：结合材料一分析，深圳经济特区成立40周年取得巨大成就的原因有哪些？

答：（1）始终坚持中国共产党的正确领导；（2）党和政府坚持以人民为中心的发展思想；（3）坚持走改革开放的强国富民之路，坚持实施科教兴国、人才强国和创新驱动发展战略；（4）中国特色社会主义制度具有巨大的优越性（根本原因）；（5）人民群众发扬以爱国主义为核心的民族精神和以改革创新为核心的时代精神。

探究二：国家设立自由贸易区有什么积极意义？

答：（1）有利于进一步提升北京、湖南、安徽、浙江内陆地区人民的生活水平，进一步深化改革开放，增强该地区在国际市场中的竞争力；（2）有利于促进当地经济发展，提升城市发展的综合实力，从而提升我国的综合国力；（3）有利于更好地开展国际合作，提升国际合作水平，推进更高水平的对外开放。

例题2

2020年7月22日至24日，习近平总书记在吉林考察时强调，要切实落实党中央决策部署，坚持稳中求进工作总基调，坚持新发展理念，坚决打好三大攻坚战，扎实做好"六稳"工作，全面落实"六保"任务①。习近平总书记指出，要坚持农业农村优先发展，夯实农业基础地位。要加快高标准农田建设，强化农业科技和装备支撑，深化农业供给侧结构性改革，推进农村三产融合②。要坚持农业现代化和农村现代化一体设计、一体推进，推进公共服务向乡村延伸③。

运用共享发展的相关知识，简要说明习近平总书记的系列讲话中蕴含的道理。

答：①打好三大攻坚战，做好"六稳""六保"工作等，表明我国坚持以人民为中心的发展思想；②坚持农业农村优先发展、推进农村三产融合等体现了我国实施乡村振兴战略，努力增进民生福祉，让人民群众共享发展成果，朝着共同富裕方向稳步前进；③推进公共服务向乡村延伸有利于不断满足人民日益增长的美好生活需要，促进城乡区域协调发展，维护社会公平正义。

环节三：练真题晓考情（用时5～8分钟）

限时5分钟进行真题练习，当堂评价。

课堂总结：以本课有关的古诗词和名言语句提升学生对知识的认识。

《坚定文化自信，凝聚价值追求》教学设计

课题	坚定文化自信，凝聚价值追求	单元	第三单元	学科	道德与法治	年级	九年级
新时代中国特色社会主义思想在本课的体现	《习近平新时代中国特色社会主义思想学生读本》显示：从改革开放初期经济建设、政治建设、文化建设"三位一体"的提出，到党的十七大报告中对经济建设、政治建设、文化建设和社会建设的"四位一体"进行系统阐述，再到党的十八大报告中的"五位一体"，中国特色社会主义事业的总体布局逐步形成并不断完善 文化一直是中考的重点板块，运用大单元教学设计，本课主题围绕"坚定文化自信，凝聚价值追求"，属于第三单元第五课的复习课						
教材分析	本课所依据的课程标准的相应部分是"我与国家和社会"中的"积极适应社会发展""认识国情，爱我中华"。具体对应的内容标准是："感受个人成长与民族文化和国家命运之间的联系，提高文化认同感、民族自豪感，以及构建社会主义和谐社会的责任意识""学习和了解中华文化传统" 本课作为复习课，在明确了中华文脉的作用与发展，中华美德的内涵及影响的基础上，继续深挖中华民族精神。中华文化具有传承性与时代性，民族精神是中华优秀文化的沉淀与凝结，社会主义核心价值观是中国精神在当代的集中体现。深刻领会中华民族精神，培育和践行社会主义核心价值观是引领整合多样化社会思潮的现实需要，也是培养青少年形成思想共识的必要之举						
学情分析	当今时代，经济全球化和多元文化深入发展，文化特别是民族精神在综合国力竞争中的地位和作用越来越突出。学生对中华民族精神的了解只停留在为数不多的英雄人物身上，尚缺乏对于中华民族生存与发展所起到的巨大作用的理解。生活在价值观日趋多元化的今天，主流意识形态的主导作用受到诸多挑战，学生可能出现价值观盲目认同，对青少年而言，坚持立德树人，加强社会主义核心价值观教育显得尤为重要						
学习目标	核心素养目标： 感受社会主义核心价值观凝结着全体人民共同的价值追求，达成价值认同与共识；把爱国主义落实到日常的生活学习中 情感目标： 体会中华民族精神对于中华民族生存与发展的作用；认识民族精神是凝聚各族人民的巨大精神力量 知识目标： 了解中华民族精神的深刻内涵及特点，体会其伟大作用；理解构筑中国价值的意义 能力目标：用实际行动弘扬民族精神；提高践行社会主义核心价值观的能力						

续 表

课题	坚定文化自信，凝聚价值追求	单元	第三单元	学科	道德与法治	年级	九年级
重点	传统文化、民族精神						
难点	中华美德、核心价值观						
教学策略	1.组织形式：创设情境、教师活动与学生活动相结合； 2.教学方法：小组讨论、探究合作与教师讲授相结合； 3.学法指导：用好自编的学案，适时渗透并引导学生归纳知识点，及时矫正小组讨论的错误结论，学以致用即堂练习； 4.教学媒体：课件、教学平台、黑板（副板书）、纸质练习题（学案、提纲）						

教学过程

教学环节	教师活动	学生活动	设计意图
导入	展示第三单元"文明与家园"单元结构	学生初步画出复习框架	记好关键词，弄清概念间的联系
讲授	组图：先进人物及事迹简介 展示课标，分析考情 学法指导，本课知识常见设问 清理误区，判断并更正 主观题审题方法 变式题展示并训练 提升：《文化自信 中华之魂》	学生观看并思考问题 学生阅读并整理资料 学生阅读并练习 学生即堂练习复习学案 展示经典例题 学生练习其中某个问 剩下几分钟时间观看视频	引出课题 帮助学生梳理考点 让学生区分"是什么""为什么""怎么做"的常见问法在本课知识点上的应用 易错易混知识的强化训练 强化学生对"是什么""为什么""怎么做"类问题的答题技巧 锻炼学生的应变能力 核心素养目标落实措施之一

续 表

教学过程			
教学 环节	教师活动	学生活动	设计意图
课堂小结	三、课堂小结 重点知识 1.中华文化根 2.美德万年长 3.高扬民族精神 4.构建中国价值 坚定文化自信 凝聚价值追求 正能量引导的材料和新闻必须重视! 易错点 1.分清中华文化与传统美德的特点 2.分清民族精神与时代精神的核心 3.传承、发扬、吸收都应是优秀文化 4."传统文化"不能与"文化"混淆 5.文化自信与价值观不可混淆 备考提示 感动中国人物、"共和国徽章"人物事迹、道德模范评选,中外文化交流等时政热点复习		再次梳理重点知识并且做备考提示
课后作业	1.学案"能力提升"练习 2.熟记文化考点并适当补充		学以致用、巩固所学知识

《守望精神家园》教学设计

一、习近平新时代中国特色社会主义思想在本课的体现

习近平新时代中国特色社会主义思想，明确中国特色社会主义事业总体布局是"五位一体"，战略布局是"四个全面"，强调坚定道路自信、理论自信、制度自信、文化自信，文化自信是一个国家、一个民族发展中更基本、更深沉、更持久的力量。价值观是文化最深层的内核。

二、核心素养

通过本课学习，引导学生有意识地了解中华文化的特点及其内在的创造力和包容力，感悟中华传统美德蕴含着丰富的道德资源，是建设社会主义现代化强国的精神力量，从而使学生自觉重视中华文化的价值，重视对社会主义核心价值观的培育和践行，形成对民族文化的认同，增强中国特色社会主义文化的价值认同与自信。初中学生正处于世界观、人生观、价值观形成的关键时期，打牢中华文化底色，传承传统美德，弘扬民族精神，自觉培育和践行社会主义核心价值观，对学生的健康成长具有重要意义。

三、学习目标

（1）通过知识梳理和当堂测试，构建知识体系，夯实好基础。

（2）通过重温中考好题，学生初步掌握材料分析题的解题技巧，提升学生

解题能力。

四、教学重、难点

坚定文化自信的重要性以及如何坚定文化自信；民族精神作用、社会主义核心价值观重要性；培育和践行社会主义核心价值观。

五、教学过程

环节一：单元知识框架

以知识结构表的形式，展示本单元的构成，让学生明白第三单元文明与家园由守望精神家园和建设美丽中国两课组成，守望精神家园属于精神文明建设，建设美丽中国属于生态文明建设，构建大单元意识。

环节二：课标解读

展示课标要求，分析近五年的考情，让学生初步明白本课在中考时属于高频考点。

课标要求	考情分析
1.感受个人成长与民族文化和国家命运之间的联系，提高文化认同感、民族自豪感以及构建社会主义和谐社会的责任意识； 2.学习和了解中华文化传统，增强与世界文明交流、对话意识	1.频次：中华文化5年3考（2021.15；2020.22；2017.18）。传统美德5年2考（2021.8；2017.29）。民族精神5年2考【201931、32（2）；2017.25】。社会主义核心价值观5年2考【2020.22（2）；2017.19②】 2.设问素材：中华文化、模范人物、精神文明创建活动等 3.题型：选择题、非选择题均有考查

环节三：知识点击及当堂检测（用时约20分钟）

展示每个框题的知识结构表，给学生2分钟时间自主复习，看知识结构表，想教材内容，想不起再看书，学生自主复习完后，教师帮助学生厘清易错易混点，传授一些记忆的小妙招，在此基础上当堂测试选择题，扎实好基础。

环节四：知识比较（用时2分钟）

中华文化、传统美德、民族精神和社会主义核心价值观主要内容进行比较，找出共性的地方，加深学生对本节复习的内容的印象。

环节五：课堂提升（用时10分钟）

限时训练，当堂评价，让学生初步掌握材料分析题的解题方法，提升解题能力。

环节六：复习小结

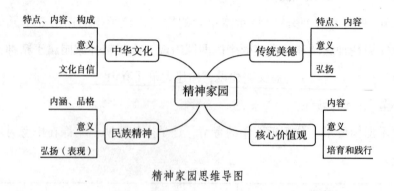

精神家园思维导图

《开放互动的世界》教学设计

课题	开放互动的世界	单元	第一单元	学科	道德与法治	年级	九年级
新时代中国特色社会主义思想在本课的体现	明确中国特色大国外交要推动构建新型国际关系，推动构建人类命运共同体；我们要坚持开放的发展，让发展成果惠及各方。在经济全球化时代，各国要打开大门搞建设，促进生产要素在全球范围更加自由便捷地流动。各国要共同维护多边贸易体制，构建开放型经济，实现共商、共建、共享。——习近平在联合国发展峰会上的讲话（2015年9月26日）						
核心素养	通过本课的学习，培养学生开放、包容、参与的国际意识						
学习目标	知识目标：了解和认识当今世界的特征及影响、经济全球化的表现以及如何应对经济全球化、认识文化多样性 能力目标：培养全球国际化视野，提升应对当今世界发展的能力；增强积极参与国际竞争与合作的能力；学会与不同文化背景的人交往 情感态度与价值观目标：树立全球意识、开放意识、合作意识和竞争意识，积极参与国际交流与合作						
重点	经济全球化的重要表现；经济全球化的影响及如何面对；文化多样性的意义						
难点	如何理解经济全球化是一把双刃剑？面对经济全球化，我们应该怎么做？面对多样性的文化文明该如何做？						
教学过程							
教学环节	教师活动			学生活动			
导入新课	问题导入： 引出本课主题：开放互动的世界			学生结合自身情况思考，随着年龄的增长，自己的生活发生了怎样的变化？			
讲授新课	第一目：共同的家园 探究一：放眼世界　新闻速览 请三位同学对自己关注的国际新闻进行播报，通过同学对新闻的播报，培养学生的新闻素养，关注国际大事的能力 结论：当今世界的特点			学生在认真聆听的过程中思考：体现了当今世界的什么特点？			

	教学过程	
教学 环节	教师活动	学生活动
讲授 新课	（1）这是一个开放的世界。 （2）这是一个发展的世界。 （3）这是一个紧密联系的世界与我们的生活息息相关 探究二：放眼全球经济 案例：苹果手机生产 总结：①商品生产在全球范围内完成 A.商品设计、零部件生产、组装、销售、售后服务，可以在不同的国家进行；B.各国利用自己的优势参与生产过程，共同完成商品生产；C.能够充分发挥生产者各自的优势，提高产品质量，降低成本 视频：《中国外贸一分钟》 总结：商品贸易在全球范围内进行，也是经济全球化的重要表现 材料：世界范围内人口流动的文字材料 结论：经济全球化的表现 （1）商品生产在全球范围内完成。这能够充分发挥生产者各自的商品生产优势，提高产品质量，降低成本。 （2）商品贸易在全球范围内进行。生产者可以把商品销售到世界各地；消费者可以买到来自世界各地的商品 材料：中美贸易战 结论：我们应该如何面对经济全球化？ （1）既要顺应历史潮流，保持积极、开放的心态，主动参与竞争； （2）也要居安思危，增强风险意识，注重国家经济安全，为应对各种困难和挑战做好充分准备 探究三：共享多样文化 活动：世界文化大观园	小组合作探究及分享：依照美国实力，完全有能力独立完成一部手机的生产，为什么要在全球范围内完成生产呢？ 这反映了经济全球化的什么表现？ 观看视频并结合生活：说说我们生活中涉及的进出口商品有哪些？这反映了经济全球化的什么表现？ 思考：商品的全球化、贸易的全球化产生哪些积极影响？ 思考：商品的全球化、贸易的全球化产生的消极影响？ 思考：文化多样性的意义是什么？

续　表

教学过程		
教学环节	教师活动	学生活动
讲授新课	总结：文化多样性的意义 （1）文化多样性是人类社会的基本特征，是世界文化充满活力的表现，也是人类文明进步的重要动力； （2）文化多样性是实现文化创新与发展的前提和基础，不同特质的文化相互交融，能够为彼此增添新的元素，激发新的活力 视频：电影《刮痧》中美文化差异 思考：你还知道哪些中外文化的差异，我们应该如何对待这些差异？ 结论：如何正确对待文化多样性？ （1）正确认识文化差异，相互尊重，通过平等交流、对话，达成彼此的理解和包容 （2）各国应当用开放和包容的心态，学习和借鉴优秀外来文化，促进文明交流	学生举例说明，你还知道哪些中外文化的差异，我们应该如何对待这些差异？
课堂小结	我们把目光从国内投向世界，看看人类共同的家园，发现当今世界是一个开放、发展的世界，是一个紧密联系的世界，我国高举和平、发展、合作、共赢的旗帜，为推动建设相互尊重、公平正义、合作共赢的新型国际关系做着不懈的努力	
板书	开放互动的世界 　共同的家园——开放／发展／紧密联系 　放眼全球经济——经济全球化的表现／经济全球化的影响／如何面对经济全球化 　共享多样文化——文化多样性的意义／如何对待文化多样性	

《国家监察机关》教学设计

课题	国家监察机关	单元	第三单元	学科	道德与法治	年级	八年级下册
新时代中国特色社会主义思想在本课的体现	1. 习近平在中国共产党第十九次全国代表大会上作报告：深化国家监察体制改革，将试点工作在全国推开，组建国家、省、市、县监察委员会，同党的纪律检察机关合署办公，实现对所有行使公权力的公职人员监察全覆盖 2. 加强对权力运行的制约和监督，让人民监督权力，让权力在阳光下运行，把权力关进制度的笼子						
核心素养目标	通过本课学习，增强法治意识，形成法治思维，培养制度认同						
能力目标	1.能够从具体的经济现象、政治现象中抽象概括出国家监察机关在维护人民当家做主中的作用 2.能够把学习到的国家监察机关的知识运用到日常生活中，理解、分析相关的经济、政治现象，解决相关经济、政治问题 3.结合"探究与分享"等栏目的学习，培养和提高合作探究学习、与人沟通交往的能力						
知识目标	了解监察机关的性质、职权，理解监察委员会依法独立行使监察权 重点：监察机关的职责 难点：监察机关独立行使监察权与工作期间需要得到其他机关的协助						

【"平"语近人】

强化党内监督是为了保证党立党为公、执政为民，强化国家监察是为了保证国家机器依法履职、秉公用权，强化群众监督是为了保证权力来自人民、服务人民。

一、课前预习

带着以下6个问题，阅读课本90～93页的内容，用铅笔勾画好答案！

（1）什么是国家监察机关？P90

（2）我国监察机关的构成和分工？P90

（3）监察委员会的监察对象包括哪些人员？P91

（4）国家监察机关与国家权力机关的关系？P91

（6）监察机关与其他国家机关的关系是什么？P91/92

（6）监察机关的职责有哪些？P92/93

二、新课学习

1. 我思我说

阅读课本90～91内容，回答以下三个问题，并做好笔记：

（1）什么是国家监察机关？

（2）国家监察机关的构成？

（3）国家监察机关监察对象？

2. 我辨我悟

（1）结合第一小组的分析，整理国家监察委员会与全国人大是什么关系。

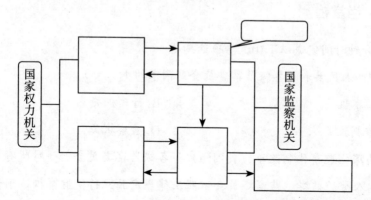

（2）结合第二小组的分析整理好监察机关与其他国家机关的关系。

3. 我探我行

（1）你前往某某村开展监察工作。到了该村，你会怎么做？

（2）参考请课本93-94页监察机关的职责的相关内容，完成下列表格。

职责	地位

（3）知识拓展：监察委员会履行职责的意义。

三、当堂检测

用5分钟时间完成以下10道单项选择题：

1. 中华人民共和国各级监察委员会是国家的（　　）

A. 监察机关　　　　　　　B. 行政机关

C. 审判机关　　　　　　　D. 检察机关

2. 为深化监察体制改革，我国组建了各级监察委员会加强对所有行使公权力的公职人员的监察。监察委员会依照法律规定独立行使监察权，不受行政机关、社会团体和个人的干涉。这样做（　　）

A. 能够杜绝腐败行为的发生

B. 是公正司法的表现

C. 有利于制约和监督权力的行使

D. 有利于规范公民行使监督权

3. 监察委员会是行使国家监察职能的专职机关，依法对所有行使公权力的公职人员进行监察，调查职务违法和职务犯罪，开展廉政建设和反腐败工作，维护宪法和法律的尊严。下列哪类人员不属于我国监察委员会监察对象范围（　　）

A. 公立学校教学主任

B. 某民营企业总经理

C. 居委会副主任

D. 市交警支队管理相关公共事务的李某

4. 2021年1月，国家监委网站推出"元旦、春节期间'四风'问题监督举报曝光专区"，畅通监督举报渠道，加大典型案例通报曝光力度。这表明监察委员会（　　）

A. 是最高监察机关，享有监察权

B. 首要职责是对职务违法进行处置

C. 由国家权力机关产生，对它负责

D. 是行使国家监察职能的专责机关

5. 八年级学生小华根据所学国家机构知识绘制了下面这幅框架图，图中应补充的内容是（　　）

A. ①人民代表大会委员会　②国家发展和改革委员会

B. ①人民代表大会　　　　②国家监察委员会

C. ①全国人民代表大会　　②国家发展和改革委员

D. ①全国人民代表大会　　②国家监察委员会

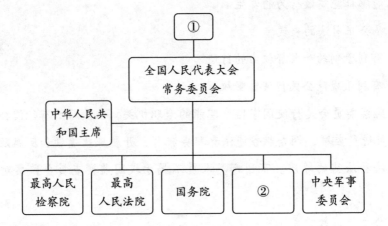

6. 国家监察委员会由_____产生，负责全国监察工作。（   ）

A. 全国人民代表大会

B. 全国人民代表大会常务委员会

C. 党的全国代表大会

D. 党的中央委员会

7. 下列关于监察委员会的说法，错误的是（   ）

A. 中华人民共和国设立国家监察委员会和地方各级监察委员会

B. 国家监察委员会是最高监察机关

C. 国家监察委员会领导地方各级监察委员会的工作，上级监察委员会领导下级监察委员会的工作

D. 地方各级监察委员会只对本级国家权力机关负责，不对上一级监察委员会负责

8. 两年来，国家监察委员会立足职责定位，果断查处手握金融资源权力，大搞幕后交易、侵吞国有金融资产的"内鬼"……有力惩治了贪污腐败、滥用职权等职务违法犯罪行为。这体现了国家监察机关（   ）

① 独立行使监察权，依法惩治职务违法犯罪

② 监督公职人员行使公权力，规范权力运行

③ 遏制腐败行为，保持公权力行使的廉洁性

④ 具有领导和组织其他国家机关工作的权力

A. ①②　　　　　B. ②③　　　　　C. ②④　　　　　D. ③④

9. 据省纪委监委消息：日前，经吉林省委批准，吉林省纪委监委对吉林省高级人民法院原党组成员、副院长吕洪民严重违纪违法问题进行了立案审查调查。监察调查（　　）

① 是监察委员会的首要职责

② 有助于有效地强化不敢腐的震慑

③ 不受行政机关、社会团体和个人的干涉

④ 只适用于履行职责不力、失职失责的领导人员

A. ①②　　　　　B. ①③　　　　　C. ②③　　　　　D. ③④

10. 我国宪法确立了监察委员会作为国家机构的法律地位，充分彰显了监察委员会在国家治理体系中的重要作用，也为深化国家监察体制改革、保证国家监察委员会履职尽责提供了根本遵循。国家设立监察委员会的意义在于（　　）

① 行使监察权，防止权力被滥用

② 依法调查违法犯罪，遏制腐败滋生

③ 开展廉政教育，消除贪腐思想

④ 依法问责失职行为，改善工作作风

A. ①②③　　　　　B. ①②④　　　　　C. ①③④　　　　　D. ②③④

阅读材料，回答问题：

材料一：全国人大十三届一次会议表决通过宪法修正案，监察委员会入宪。宪法规定，中华人民共和国各级监察委员会是国家的监察机关、中华人民共和国国家监察委员会是最高监察机关。

材料二：2020年，全国纪检监察机关共接收信访举报322.9万件次，处置问题线索170.3万件，谈话函询36.4万件次，立案61.8万件，处分60.4万人（其中党纪处分52.2万人）。处分省部级干部27人，厅局级干部2859人，县处级干部2.2万人，乡科级干部8.3万人，一般干部9.9万人，农村、企业等其他人员39.8万

人。监察制度让反腐败利剑高悬。

【热点·冷思】（1）监察委员会职能什么？

【问题·探索】（2）国家监察机关需要履行哪些职责？

【数据·成果】（3）结合材料说说国家加强监察对于廉政建设和反腐败的作用。

四、复习巩固

请你整理好本框思维导图

《共筑生命家园》教学设计

课题	共筑生命家园	单元	第三单元	学科	道德与法治	年级	九年级
新时代中国特色社会主义思想在本课的体现	1.习近平总书记在党的十九大报告中强调：坚持人与自然和谐共生。建设生态文明是中华民族永续发展的千年大计 2.习近平出席气候峰会并发表重要讲话强调，构建人与自然生命共同体，要坚持人与自然和谐共生，坚持绿色发展，坚持系统治理，坚持以人为本，坚持多边主义，坚持共同但有区别的责任原则 3.习近平总书记在北京世界园艺博览会开幕式上重要讲话精神我们要维持地球生态整体平衡，让子孙后代既能享有丰富的物质财富，又能遥望星空、看见青山、闻到花香						
核心素养	通过学校，培养学生的责任担当、学会健康地生活						
学习目标	情感态度和价值观目标	面对人口、资源和环境现状，树立忧患意识，提升生态文明素养，明确生态文明建设的重要性和紧迫性，增强生态文明建设的使命感和责任感					
	能力目标	1.理解生态文明建设的含义与要求，坚持绿色发展道路 2.正确看待我国人口、资源、环境的基本国情，认清当前危机与挑战					
	知识目标	1.理解人与自然的关系，理解经济发展和生态环境保护之间的关系 2.知道创新、协调、绿色、开放、共享的新发展理念					
重点	坚持人与自然和谐共生						
难点	坚持走绿色发展道路，建设生态文明						
学法	自主学习，案例分析法，合作探究法			教法	创设情境，讲授法，多媒体教学		

教学过程				
教学环节	教师活动		学生活动	设计意图
课堂导入	设疑：1.生命家园是谁的家园？ 2.共筑生命家园要处理好什么关系？		思考	设疑导入引发学生对人与自然关系深入思考，为本框内容的教学做好铺垫

185

续 表

教学过程			
教学环节	教师活动	学生活动	设计意图
讲授新课 环节一： 生命家园 之滋养	视频《禅意》 思考：视频中，你感受到一种怎样的意境： 出示两幅图片，提问学生，你更喜欢哪一幅图片？ 小结： 为什么要坚持人与自然和谐共生？ ①追求人与自然和谐共生，是人类面对生态危机做出的智慧选择 ②自然为人类的生存和发展提供滋养和必要条件 ③人与自然相互依存，共生共荣 ④生态兴则文明兴，生态衰则文明衰	观看视频，各抒己见 视频中，我看到什么的景象？我的感受是什么？ 从反面思考人类与大自然的关系，进而思考得出坚持人与自然和谐共生的原因	培养学生自主学习能力，分析能力 旨在让学生有所感悟，体会人与自然和谐共生的理念 引导学生思考整治环境的做法
环节二： 共筑生命家园之行动	过渡；要促进人与自然的和谐共生，就必须建设生态文明，走绿色发展的道路 为了促进人与自然和谐，建设生态文明打造宜住宜居的美丽佛山，你有什么智慧方案？ 带着这问题，来观看这段纪录片《绿色生态发展》 你从视频中得到了哪些信息？国家在建设生态文明中为人民做了什么？ 出示国家在建设生态文明，走绿色发展道路的具体行动 小结： ①要以资源环境承载能力为基础，以自然规律为准则，以可持续发展、人与自然和谐共生为目标	观看视频 小组讨论 学生看视频，结合课本84页，浙江安吉县余村的发展，谈感悟，思考问题，归纳小结	结合直观的图片，分组学习讨论，引发学生思考，提高学生自主学习，解决问题的能力，加深对知识的理解记忆

续 表

教学过程			
教学环节	教师活动	学生活动	设计意图
环节二：共筑生命家园之行动	②要坚持节约资源和保护环境的基本国策 ③坚持创新、协调、绿色、开放、共享的发展理念 ④坚持走绿色发展道路，要处理好经济发展与生态环境保护的关系。（重点展开） ⑤坚持走绿色发展道路，要坚持绿色富国、绿色惠民 ⑥坚持绿色发展道路，走绿色、循环、低碳发展之路 ⑦坚持绿色发展道路，要实行严格的制度、严密的法治	归纳小结，并做好相应笔记	通过讲述浙江余村这一真实案例，使学生见证乡村巨变，诠释"绿水青山就是金山银山"的理念。认识到保护环境的重要性，认识到走绿色发展道路的正确性
	课堂补充1、知识整合 "建设生态文明，守护绿水青山"，必须坚持哪些基本国策、理念、发展道路、方略、战略、社会形态？		在直观的图片中，感悟坚持走绿色发展道路，要坚持绿色富国、绿色惠民
	基本国策：节约资源、保护环境的基本国策； 理念：创新、协调、绿色、开放、共享的发展理念，生态文明理念 发展道路：绿色发展道路 方略：依法治国、以德治国； 战略：可持续发展战略，科教兴国战略、创新驱动发展战略 两型社会：建设资源节约型、环境友好型社会	结合图片，阅读相关链接内容，谈做法	
	过渡：保护自然生态环境，全社会共同参与 思考四：我们个人能为美丽佛山做些什么？	学生阅读材料，感悟绿色发展理念，并与同学分享好的低碳生活方式和建议	引导学生结合低碳生活的事例进行思考，理解绿色发展理念

续 表

教学过程			
教学环节	教师活动	学生活动	设计意图
环节二：共筑生命家园之行动	结合课本87低碳微行动：学习垃圾分类，培养垃圾分类的好习惯 知识拓展： 2019年6月3日，习近平总书记对垃圾分类工作作出重要指示。他强调实行垃圾分类，关系广大人民群众的生活，关系节约使用资源，也是社会文明水平的一个重要体现，让人民群众认识到实行垃圾分类的重要性和必要性，通过有效督促引导，让更多的人行动起来，培养垃圾分类的好习惯，全社会人人动手，一起来为改善生活环境做努力，一起为绿色发展、可持续发展作贡献 2020年4月1日，佛山市召开全市生活垃圾分类工作推进会，根据《佛山市城市生活垃圾分类实施方案》，佛山2020年年底实现公共机构生活垃圾分类全覆盖，力争通过生活垃圾分类"五年行动"，在2024年基本建成生活垃圾分类处理系统 简答介绍垃圾分类： 小结： ①学习环保知识，增强节约资源和保护环境的意识 ②积极参加节约资源，保护环境的宣传活动，倡导低碳绿色的生活方法 ③依法保护环境，善于同破坏环境的行为做斗争	并进行知识小结 谈谈自己对美丽中国的时代图景的理解	意在结合史上最严格的垃圾分类管理条例，使学生理解国家对环保工作的重视 展开与学生的对话，使美丽中国图景走进学生的心灵 梳理知识点，让学生思路清晰，更好掌握知识点 多方面激发学生的思维，引导学生灵活运用所学知识点

教学过程			
教学环节	教师活动	学生活动	设计意图
环节二： 共筑生命家 园之行动	④我做起，从身边的点滴做起，培养保护环境、节约资源的行为 过渡：相信，全社会共同行动，一定能实现生态文明，打造一个美丽的生态中国，生态佛山 分析感悟：思考美丽中国的时代图景是怎样的？ 走绿色发展道路，建设资源节约型、环境友好型社会，实现经济繁荣、生态良好、人民幸福 课堂小结 这节课，我学到了什么，得到什么启发？ 课堂总结： 本课学习了实现人与自然和谐共生的必要性及要求，知道了坚持走绿色发展道路应有的行动以及如何建设生态文明。人与自然是生命共同体，人类必须尊重自然、顺应自然、保护自然。坚持节约优先、保护优先、自然恢复为主的方针，形成资源节约型，环境友好型社会 建设美丽中国，我们在行动！ 课堂反思 本课内容理论性强，很多新名词、新措施，理解难度大，教学设计尽量降低难度，结合学生学习生活、社会生活、经济生活的事例帮助学生理解。但是操作起来有点困难，课堂气氛不够活跃。今后需要选取更多适合的案例，带动学生积极参与课堂教学	学生整合本课知识点。学生进行课堂总结	总结知识点，归纳梳理，巩固提升

续 表

教学过程			
教学环节	教师活动	学生活动	设计意图
板书设计	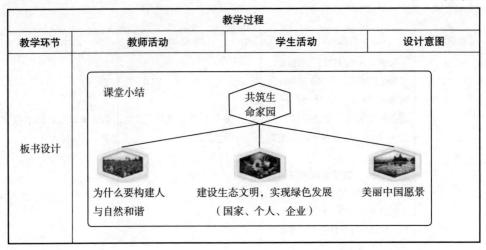		

《爱在家人间》教学设计

课题	爱在家人间	单元	第三单元	学科	道德与法治	年级	七年级
新时代中国特色社会主义思想在本课的体现	"办好教育事业，家庭、学校、政府、社会都有责任。家庭是人生的第一所学校，家长是孩子的第一任老师，要给孩子讲好'人生第一课'，帮助扣好人生第一粒扣子。"——2018年 习近平：坚持中国特色社会主义教育发展道路，培养德智体美劳全面发展的社会主义建设者和接班人						
核心素养	通过此课，培养学生社会责任。学会正确处理个体与他人（家庭）的情感态度和行为表现						
学习目标	知识目标：了解亲情的表现形式；知道爱的碰撞是我们成长中难以回避的问题；了解爱的缺失是父母迫于生计的无奈之举；认识爱的冲突的危害 能力目标：学会体味亲情；掌握解决爱的碰撞的技巧；懂得理解宽容、关心体贴父母 情感态度与价值观目标：感受亲情的温暖，树立化解家庭矛盾的意识，自觉沟通传递爱						
重点	了解亲情的表现形式，掌握化解爱的碰撞的技巧。不同形式的亲情有时因为它的平常而忽略甚至否认它，其实亲情是我们永远的依恋。学会化解爱的冲突是初中生成长过程中不可回避的一个重要问题						
难点	明确亲子冲突的原因，掌握化解冲突的技巧，因为具有叛逆心理的初中生对亲子冲突似懂非懂，一时难以处理好与父母之间的矛盾						

教学过程		
教学环节	教师活动	学生活动
任务导入 来自同学的 一封信	1.引出小A同学的一封信 展示信，邀请同学念信（附件1） 提问：小A焦虑的问题是什么？	回答：小A焦虑的问题是什么？——与妈妈之间的关系问题
新授课	环节一：视频《妈妈，对不起》 提问：看了视频后，你觉得亲情是怎样的一种感情？ 知识点：亲情的含义、亲情的产生	观看视频 回答问题：你觉得这是一种怎样的感情？

续 表

教学过程		
教学环节	**教师活动**	**学生活动**
新授课	环节二：剖析亲情的表现方式 分享同学们最喜爱的照片 提问：对比同学们的分享与小A自我阐述，你得出什么结论？ 知识点：亲情的表现形式、家庭结构的变化 环节三：爱的碰撞 小组讨论：小组根据任务进行4分钟讨论，并完成清单的内容 分享任务单内容，总结书本知识点 知识点：亲子冲突发生的原因 环节四：回信 小组讨论：请同学们给小A进行回信。以小组为单位，4分钟后，一起讨论小A应该怎么做？ 分享回信内容，总结书本知识点 知识点：如何化解亲子冲突	做笔记 学生回答：爱，只不过方式不一样而已 分享自家关于亲情的故事 对比多方的亲情故事，进行总结 小组合作，讨论信中发生的几件事情，妈妈和小A之间不同的看法以及应付方式 小组合作，完成给小A的回信
课堂总结	今天我们通过帮助小A，从三个方面学习了7.2的内容，分别是：如何认识亲情、亲子冲突发生的原因以及如何化解亲子冲突	
课堂小测	2分钟完成5道选择题	请同学讲解

《家的意味》教学设计

课题	家的意味	单元	第三单元	学科	道德与法治	年级	七年级
新时代中国特色社会主义思想在本课的体现	习近平总书记曾谈及："家庭是人生的第一个课堂，父母是孩子的第一任老师。家庭教育涉及很多方面，但最重要的是品德教育，是如何做人的教育。""家的意味"是人教版《道德与法治》七年级上册第三单元第七课第一框的内容。本框分为两目，第一目"生命的居所"主要是介绍了家的含义、家庭的功能以及家的特点；第二目"中国人的家"介绍了在中国的家庭文化中，家有着丰富的内涵，孝亲敬长是中华民族的传统美，也是公民的法律义务							
学习目标	核心素养目标：通过教学力求达到的目标是培养师生热爱家庭、热爱亲人，学会与家人友好相处，能够自觉承担家庭责任，了解中华家庭文化的博大精深，进行孝亲敬长的家庭美德。对应中学生核心素养是：人文底蕴、健康生活、责任担当、实践 知识目标：理解"家"的内涵和功能；知道"家"对我们成长的重要意义；知道孝亲敬长是中华民族的传统美德，也是法律义务；理解中华文化中"孝"的内涵；知道优秀文化传统需要继承与发展 能力目标：提高传承中华家庭文化传统美德的能力，增强孝亲敬长的行动力 情感态度与价值观目标：感受家是身心的寄居之所，是我们心灵的港湾。认同中华文化中家的丰富内涵和"孝"的价值观念							
重点	如何孝亲敬长；中华文化中家的意味和"孝"的内涵							
难点	明确中国家庭文化中"孝"的精神内涵							
教学过程									
教学环节	教师活动						学生活动		
导入	1.播放公益广告《Family》 提问：家这个字大家想必都很熟悉，那家有着怎样的具体含义呢？今天我们一起走进第七课第一框"家的意味"						观看视频 解读"家"字		
新授课	归家第一站：生命的居所 环节一：家庭的内涵 提问：结合你的经验，说说"家"是什么，家庭的确立情形有哪些 知识点：家的内涵						学生思考并分享自己的感受：家是什么？ 学生参看第72页相关链接并回答 做笔记		

教学过程		
教学环节	教师活动	学生活动
新授课	环节二：中国人心目中的家 展示中国式春运图片 提问：你有过春运的经历吗？有什么感受？既然，春运回家这么辛苦，那为什么你们父母还要坚持回家？ 知识点：中国人心目中家的内涵 情景剧场：《家有儿女》中刘星一家商量奶奶入住后的家庭开支事宜……判断家庭功能 知识点：家庭的功能 环节三：家的意义 阅读感悟73页，思考：为什么说房子不是家？为什么找到女儿就有家了？ 知识点：家的意义 归家第二站：家之行动站 环节四：孝亲敬长 我国"家"文化历史悠久，你能列举出一些体现"家"文化的经典作品？ 分享家规家风内容，总结书本知识点 知识点：在中国的家庭文化中，"孝"是重要的精神内涵。有关孝亲敬长的法律规定 环节五：尽孝在当下 播放央视公益广告《别让等待成为遗憾》 引导学生思考：有人说：我们现在是中学生，没有经济来源，孝敬父母是长大以后的事。你同意这观点吗？怎样做到孝亲敬长？ 归家终点站：家	分享对春运的感受，并回答为什么要回家 学生参考第72页探究与分享并回答家庭的功能 学生阅读并发表自己的观点 学生分享家规、家训与家风等内容 小组合作：怎样做到孝亲敬长？
课堂总结	今天我们通过乘坐归家的列车，从两个站中学习了7.1的内容，分别是：家的内涵、功能和家的意义；中国人的家的内涵和"孝"的精神内涵	
课堂小测	5分钟完成10道选择题	请同学讲解

《生命可以永恒吗》教学设计

课题	生命可以永恒吗	单元	第四单元	学科	道德与法治	年级	七年级
新时代中国特色社会主义思想在本课的体现	习近平总书记关于青年工作重要论述中提及，广大青年让青春在为祖国、为民族、为人民、为人类的不懈奋斗中绽放绚丽之花。而本课是生命话题的起始，带领学生去认识生命，知道生命的尽和续，端正"生命至上"的态度，同时明白我们与他人休戚与共的关系，从而懂得绽放生命之花						
学情分析	七年级学生开始出现比较强烈的自我意识，更加注重思考与自身有关的一些问题，这种思想意识为学生探索本单元的内容提供了学习动力。虽然七年级学生比较关注自我，但此时他们还是以感性认识为主，对生命的思考还比较粗浅和片面的，他们的认知能力还有待提高。可以说学生在生命的学习中还存在认知障碍，未能完全感受生命的意义，生命教育迫在眉睫						
学习目标	（一）核心素养 1.树立正确的生命道德观念，引导学生明白生命的重要性，懂得规划人生，珍爱生命，促进学生身心发展，更加健康地生活。引导学生增强政治认同，增强道路自信、理论自信、制度自信、文化自信 2.培养学生对生命问题的辩证思维能力 （二）情感、态度与价值观 1.引导学生用积极的情感、健康的心态来关注生命、珍爱生命 2.帮助学生认识到生命的短暂，引导学生珍惜生命中的每一寸时光，不错过美好的青春年华，使学生初步确立积极的人生态度，找出自己存在的价值与定位 3.让学生懂得，我们每个人都不仅仅是在身体上接续祖先的生命，也在精神上不断继承和创造人类的文明成果 （三）知识与能力 1.了解生命的短暂，能在人类生命的接续中，为自己的生命找到一个位置，担当一份使命 2.懂得怎样的生命才有意义，创造有意义和有价值的生命 （四）过程与方法 1.通过对"最长的生命"这一问题的探讨，使学生认识到生命是大自然的奇迹，生命不可以永恒，进而培养学生热爱生命、关爱生命的情感 2.引领学生感悟一代又一代的个体生命实现了人类生命的接续，而我们总能为自己的生命找到一个位置，担当一份使命						
重点	生命来之不易，不可预测，要热爱生命、珍惜生命						
难点	生命有接续						

续　表

	教学过程		
教学环节	教师活动	学生活动	设计意图
导入新课	科普小课堂：大自然生物的寿命 展示不同生物的寿命，提问：为什么同在地球生存，不同生物的寿命不一样？ 讲解活动主题：探秘生命的游戏规则	思考问题	用科普知识引导学生进行思考，从而开始对于生命问题的探讨
讲授新课	一、生命有时尽 （一）生命的特点 发布第一个任务卡：感悟生命 小组探究： 1.人生电量图为100%，提问：你顺利出世的概率是10的269万分之一，对此，你对生命有什么理解？ 2.人生电量图为87%，提问：为什么生来没有两个一模一样的人呢？ 3.人生电量图只剩下50%，提问：人的一生中会拥有出生证、毕业证、退休证，获得的顺序会变化吗？为什么？ 4.人生电量只剩下10%，提问：相比于地球46亿的寿命，人类的寿命只有70年，对此，你怎么看？总结生命的特点： 生命是来之不易的；生命是独特的；生命是不可逆的；生命是短暂的 （二）怎样看待生命发展规律？ 发布第二个任务卡：规划人生 探究一：生命是不可逆的，我们每个人都无法抗拒生命发展的自然规律，每个人的最终结局都是死亡，那我们为什么还活着？ 总结：我们每个人都无法抗拒生命发展的自然规律，人在一生中会遇见美好，活着就有希望，会有机遇，但是，也伴随着许多挑战 探究二：规划精彩人生，迎接未知挑战 拓展：曾经的篮球女孩，蜕变成水中飞鱼	学生小组讨论，对生命的特点进行思考 学生自主阅读教材进行归纳 学生小组讨论，对生命的意义进行思考	让学生通过小组讨论，体会生命的特点 让学生通过小组讨论，明白生命的意义

教学过程			
教学环节	教师活动	学生活动	设计意图
讲授新课	总结：我们要从容面对生命的不可预知，更加热爱生命，热爱生活，把有限的生命投入到无限的奋斗和奉献中 二、生命有接续 发布第三个任务卡：传承生命 1.这位在战场的父亲，手握着女儿的照片，他当时在想什么呢？ 分析：这位父亲在抚摸女儿的照片时，说：如果我们不打，我们的下一代就得打！希望下一代生活在没有硝烟的世界里。女儿是支撑着他不断战斗的精神动力，也是家庭的希望。每个孩子的出生给家庭带来希望，也在一代一代地传承希望 总结：个体的生命虽然短暂，但正是一代又一代的个体生命实现了人类生命的接续 2.人类的生命是短暂的，如何留下印迹呢？ 分析："谁还知道你？山知道我，江河知道我，祖国不会忘记我。"我们不会忘记烈士们的生命，也不会忘记什么？ 伟大的抗美援朝精神，浴血奋战不后退，保家卫国终不悔 总结：生命对于我们而言，不仅仅是身体的生命，还包括社会关系中的生命、精神信念上的生命 拓展：黄继光家庭传承家国情怀 3.继承和创造人类的文明成果 黄继光家庭传承家国情怀，不断为国做贡献。正是一代代家国情怀的传承，造就美好的今天，这也就是长津湖最好的彩蛋 总结：个体的生命虽然短暂，但正是一代又一代的个体生命实现了人类生命的接续；生命对于我们而言，不仅仅是身体的生命，还包括社会关系中的生命、精神信念上的生命；我们不仅仅是在身体上接续祖先的生命，也在精神上不断继承和创造人类的文明成果	学生进行小组讨论，填写人生规划并分享 学生根据材料进行思考 学生根据文字材料进行感悟 学生根据视频理解我们在精神上不断继承和创造人类的文明成果	 让学生通过先辈的英勇事迹，明白生命的意义，懂得珍爱生命，绽放生命

续 表

教学过程			
教学环节	教师活动	学生活动	设计意图
课堂小结	三、开心大乐透（抽奖环节） 公布获奖的数字以及每组数字的含义 新生代，新时代的声音 请获奖小组分享：正是先烈们奋勇拼搏，奠定了和平年代的基础，作为新生代力量，在这如先烈们所愿的盛世，你认为要怎样延续先烈们的遗志？ 结语：孩子们，前辈们已经给我们开创了这么美丽的新世界，你们应该接过前辈们的接力棒，珍惜生命，创造有意义和有价值的生命！	学生分享学习感受	引导学生明白生命的意义，用积极的情感、健康的心态来关注生命、珍爱生命，努力拼搏
板书	**课堂小结** 生命可以永恒吗　生命有时尽　生命的特点　来之不易　独特的　不可逆的　短暂的　怎样看待生命发展规律　生命有接续　一代又一代的个体生命在身体上接续祖先的生命，也在精神上不断继承和创造人类的文明成果		
课后拓展	查看族谱，了解你的祖辈们，学习他们的精神，写成一篇学习感受		

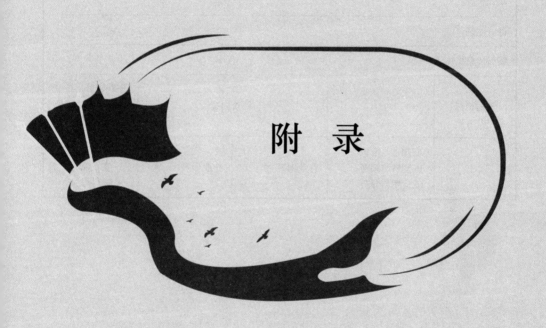

附　录

单元教学课例的学习评价工具

课程背景：结合初中不同年级学生的身心发展特点，将《道德与法治》教材相关教学内容与习近平新时代中国特色社会主义思想相融合。结合生活案例相结合，培养学生核心素养。通过学生作业反馈检验和评价学生是否掌握新思想的相关内容、核心素养转化为自身的必备品格和关键能力

单元主题：

课时主题：

新时代思想体现：

课时目标		评价内容		预期效果：基于评价标准的评价观测点
	A.知道与辨识 B.理解与阐释 C.应用与分析	作业内容	作业形式	必备品格 实践能力 学科思维

作业评价表

课程背景：新型冠状病毒感染肺炎疫情肆虐，一时间舆论四起，导向不一，有无私奉献的医务工作者，有制假售假的口罩商，有捐款捐物的机构团体。在此期间，学生从疫情中能获得一些什么呢？随着网络媒体的发展，学生获得信息的途径变多了，获得的信息良莠不齐，如何对学生进行正确地、有效地、及时地时事教育成了当前紧迫的课题。对于八年级的学生而言，他们有一定的是非观念，有分析能力，但是面对错综复杂的社会信息，他们还缺乏辨别与判断能力，某些方面的知识还不够全面，认识不够到位，比如：如何看待居家隔离、延迟开学这些事件就涉及如何处理公民的权利与义务的关系问题。《道德与法治》八年级下册是法治专册，教学中更加突出案例的分析、法律知识的学习和应用。在第二单元"理解权利与义务"第四课"公民义务"中的"依法履行义务"这一内容，涉及理解权利与义务的关系、依法履行义务与 违反义务须担责三块内容。其中，理解权利与义务的关系是教学重点，也是学生学习依法履行义务的认知基础。学生只有了解了权利与义务的关系才能自觉地依法履行义务

单元主题：单元主题：理解权利与义务

课时主题：疫情当前，"宅"在家里也是义务吗？

新时代思想体现：人民才是真正的英雄。面对汹涌而来的新冠肺炎疫情，14亿中国人民同舟共济，众志成城，坚定信心，同疫情进行顽强斗争

课时目标		评价内容		预期效果：基于评价标准的评价观测点
1.增强社会责任感，增强义务意识，自觉承担对他人、社会和国家的责任：依法履行义务，提升公民素养 2.提高辩证思维能力，正确对待公民的义务 增强履行义务的能力 3.懂得权利与义务的关系，理解权利与义务相统一的意义	A.知道与辨识：知道权利与义务的关系，并能说明 两者的一致性。了解习近平总书记对疫情的指示、要求 B.理解与阐释领悟公民义务的内涵，能在分析 相关社会现象中阐述履行义务的重要性 C.应用与分析用本课的知识，正确分析疫情中的实际问题，积极响应党中央的号召，贯彻新思想，自觉履行公民的义务	作业内容：与家人一起设计一份家庭抗击疫情责任书	作业形式：家庭抗疫责任书	必备品格：具有规则意识、法治观念、公共精神和公民意识 实践能力：掌握处理运用信息的方法，提高履行义务的能力，自觉承担对他人、社会、国家的责任 学科思维：运用基本概念、原理分析说明社会、现象，提升法治、责任意识

作业评价内容与标准

标准	A优秀	B 一般	C 需努力	备注
作业内容	①能清楚传达现行法律、法规对公民抗疫的相关要求、指示；②对家庭成员有明确的责任义务意识，语句表述清晰准确；③有对疫情状况的拓展介绍或者表明自己对抗击疫情的态度	①公民的抗疫要求认识模糊；②对家庭成员的责任义务认识比较淡薄，语句表述完整度欠佳	作业内容与作业要求符合，只有对抗击疫情的简单陈述，没有提到自己的责任与义务	作业评价主要以作业内容为主，作业形式为辅。另外，基于学生的基础能力要对有进步的学生予以鼓励
作业形式	能熟练使用PPT或Word进行责任书的编辑或能熟练制作纸质版责任书	使用PPT或Word熟练度欠佳，能制作纸质版责任书	只能使用文字书写或简单Word的编辑的方式完成作业	
作业美化	责任书图文并茂，版面设计合理，色彩协调	责任书图文并茂，版面布局欠合理，色彩单一	没有对责任书进行适当美化	
作业态度	字迹端正、美观。提交作业及时	字迹较端正、提交作业及时	字迹不端正，没有按时提交作业	

道德与法治学科学生社会实践研究报告评价表

序号	维度	标准	分数
1	活动主题	突出教材单元目标，指向学科核心素养	
2	新思想的体现		
3	介绍团队成员与宗旨	明确完成什么任务，突出合作能力	
4	活动的意义	明确为什么组织活动，突出思辨能力	
5	介绍活动过程	阐明活动步骤，突出问题解决的能力、学以致用的能力，以及社会责任感等品德	
6	分析反思活动成果	运用学过的学科理论对学习结果进行分析，突出观察与分析问题的能力、反思能力	
7	附上相关照片文字介绍	记录活动过程，可以小视频、录像、照片等形式，文本字数为800字左右	

初中道德与法治学科社会实践活动核心素养培育评价反馈表

学生姓名	小组			
小组研究的主题				
新思想的体现				
你在本次研究中承担的任务				
你最大的收获				
需要改进的地方				
素养评价标准（分）	自评 （10分）	组评 （10分）	师评 （10分）	总分 （30分）
1.活动参与度，同学的配合度				
2.对研究主题的理解和掌握				
3.对新思想的领悟情况				
4.活动中的文明礼仪规范				
5.活动中遇到问题能努力去解决